SVEGOT

September 2019

- Perspektiv från det fria Sverige

Svegot, September 2019

Copyright © SVEGOT-DFS 2019. Alla rättigheter förbehållna. Kopiering eller spridning av hela eller delar av denna publikation är ej tillåten utan skriftligt tillstånd.

Tryckt i Storbritannien.

ISBN 978-91-984411-7-8

www.svegot.se
www.detfriasverige.se

SVEGOT

September 2019

Skribenter:

Jalle Horn
Magnus Söderman
Dan Eriksson
Daniel Frändelöv
Eva-Marie Olsson

MAGNUS SÖDERMAN

Inledning

När vi nu lägger september månad till handlingarna så kan vi konstatera att det inte varit mycket nytt under solen. Och så har det faktiskt sett ut sedan flera årtionden tillbaka. Visst kommer och går politiker; visst är det olika ämnen eller företeelser som hamnar i fokus. Men i det stora hela är det samma saker som återkommer i debatten.

Det blev extra tydligt för mig när jag såg något inslag från SVT-arkiv. Två politiker debatterade bostadskrisen i Stockholm. Året minns jag inte exakt, men det var på 1960-talet. Alltså hade vi samma problem för 70 år sedan som idag. Om man följer den politiska debatten över tid så inser man snart att något har hakat upp sig. Vi kommer inte vidare utan ältar samma gamla om och om igen. Tro det eller ej, det är en viktig insikt för var och en att komma till.

Det sägs att galenskap är att göra samma sak om och om igen men tro att resultatet kommer bli annorlunda förr eller senare. Med den definitionen så kan vi enkelt konstatera att vi lever i en galen värld. Det är ju precis det som sker. Med undantag i detaljerna låter en debatt på teve likadan idag som den gjorde för tio år sedan. Man petar in lite "fakta" från samtiden och det är i princip det som skiljer. Det är kanske i upprepandet och den påföljande tristessen som vi kan finna svaret på svenskarnas uppgivenhet. Till sist orkar man inte bekymra sig när det är samma gamla vanliga man hör.

Detta är inte en ursäkt att inte försöka få till stånd en förändring, självfallet inte. Men det är en förklaring till den nuvarande situationen som är nog så viktig. Kanske gör den oss lite ödmjukare inför hur människor vi kommer i kontakt med resonerar och agerar (eller inte agerar) och kanske kan det få oss att närma oss saker och ting från en helt annan vinkel. Verkligheten är ju som den är och det är inte mycket vi kan göra åt den. Folk är som folk är och om vi inte känner att vi når fram till dem så måste vi fundera på hur vi kan ändra på det. Att ilsket avfärda våra medmänniskor som dumskallar må kännas tillfredsställande för stunden, men det är inte rätt sak att göra. Också vår egen "galenskap" måste vi ta itu med. Galenskap enligt definitionen ovan alltså.

Under åren har den nationella oppositionen varit övertygad om två saker: fakta är vad som behövs och idén om att lösningen på ett problem är att prata om det. När Det fria Sverige startade upp var det med förhoppningen om att komma åt det sistnämnda. Det dög inte enkom prata om problemen, det handlade om att göra sådant som sakta men säker löste dem. Den gordiska knuten höggs sönder med svärd och visst är den snabba lösningen något vi alla drömmer om ... ja, en revolution har vi nog alla hoppats på lite till mans. Nu verkar revolutionen lysa med sin frånvaro varför vi – i väntan på den(?) – får göra annat som sakta men säkert för oss som opposition framåt.

Svegots primära uppgift är att komma åt det förstnämnda problemet, det här med fakta. Det fungerar nämligen inte. Vi kan publicera ändlösa uppställningar med grafer som visar att vi har rätt och vi kan hänvisa till undersökning efter undersökning vilka styrker våra teser. En och annan – många till och med – kommer förvisso ta det till sig. Men det krävs något annat, något mer, för att få dem att ta steget ut i oppositionen och där hjälpa till utefter sina egna förmågor.

Två saker krävs av Svegot och vi har inte uppnått någon av dem ännu. Men vi är påväg. Å ena sidan måste vi engagera känslomässigt, å andra sidan måste vi våga vara visionära, staka ut en väg och visa hur det skulle kunna vara. Våra motståndare har ett övertag vad gäller att engagera känslomässigt, framförallt eftersom de helt kan ignorera verkligheten. Det kan inte vi. Därför måste vi lära oss att vara känslomässiga, med verkligheten i ryggen. Vi kan inte göra som våra motståndare eftersom vi inte vill (eller kan) vara oärliga. Vi ska inte vara det, kan tilläggas. Jag hoppas att vi blir lite bättre på det hela tiden. Till detta kommer också att vi ska vara positiva. Självklart måste vi förhålla oss till den samtid vi lever i och vi har inte rätt att måla en vackrare bild än den vi ser. Men vi kan faktiskt bli bättre på att se ljusglimtarna i tillvaron och berätta berättelserna som lättar bördan som annars läggs på våra axlar varje dag. Solskenshistorier har ingen dött av och mer fokus när vi vinner (för det gör vi titt som tätt) krävs. Jag lovar att vi ska leverera mer av den varan framöver.

Visionerna måste vi också hitta plats för i Svegot. I vår radio brukar vi då och då återkomma till "det vita rymdimperiet" och det gör vi rätt i. Nu är det dock dags att vi sätter visionerna på pränt. En av fördelarna med pappersutgåvan av Svegot är ju att vi ska kunna inspirera också framtida läsare. Hur kan det se ut om tio, tjugo eller trettio år? Hur kan vårt folk ha utvecklats till 2100? Det är upp till oss att lyfta dessa frågor och ge så bra svar vi kan. Vi vet att många forskare idag hamnade på den banan genom att ha tagit del av just denna typ av visionära texter när de var yngre. Jag såg en kvinna som arbetade på Nasa med utveckling av rymdraketer. Hon tackade Star Trek för att hon hamnade där. På samma sätt måste vi visa den potential som vårt folk har och leda dagens unga in på konstruktiva vägar där det känner att de kan vara med och förverkliga våra visioner om en bättre framtid.

För varje ämne vi inte tar upp lämnar vi över åt våra motståndare att göra det. Våra resurser är för små för att täcka allt, så vi måste lämna walk over ibland. Låt oss därför göra det medvetet, inte planlöst. Vi måste identifiera det viktiga och fokusera på det.

Tack vare Jalle Horns texter har Svegot blivit riktigt bra på kultur, litteratur och historia. Det är folkbildning på riktigt som han erbjuder oss. Den politiska analysen, både inrikes som utrikes har vi också koll på. Våra krönikörer levererar personliga betraktelser och breddar utbudet.

Men vi kan aldrig tillåta oss att bli nöjda. Därför tar vi nya tag i oktober och ser till att göra Svegot ännu mer komplett.

Ett stort tack till dig som gör det möjligt.

JALLE HORN
2 september 2019

Beowulf – västgöte eller gute?

Hjälten Beowulf i det fornengelska eposet Beowulfkvädet har oftast uppfattats som västgöte och kvädet en i grunden engelsk dikt. Arkeologen Bo Gräslund går mot strömmen och försöker i en ny bok visa att kvädet i grunden har kommit till på svensk mark och att Beowulf var hövding på Gotland.

Bo Gräslund har på ålderns höst – han är runt 85 – skrivit boken Beowulfkvädet. Den nordiska bakgrunden. Boken kom ut i slutet av 2018. Som arkeolog anser han sig ha kunnat tillföra nya rön till Beowulfforskningen och därmed belysa eposet på ett nytt sätt. Hans syfte har varit att utreda kvädets uppkomst. Genom hans slutsatser framstår texten lite som historiskt dokument än bara en ren saga, varmed den kan hjälpa till att belysa svensk historia under den mellersta järnåldern (ca 300-550 e.Kr.), den tid då eposet utspelar sig.

Handlingen i Beowulfkvädet är följande. Beowulf är systerson till en hövding över geaternas folk. Beowulfs ätt härstammar dock från grannfolket svearna. När Beowulf hör att ett odjur hemsöker danerna drar han till danakungen Hrothgars hall Heorot. När odjuret, som kallas Grendel, kommer på natten ger Beowulf Grendel ett banesår, och odjuret flyr döende därifrån.

Natten därpå kommer Grendels mor för att hämnas; hon släpar med sig en av hallens män ut i natten. Dagen efter går krigarna till ett kärr där odjuren huserar. Beowulf dyker ner i kärret, dödar Grendelmor i ett rum därnere, hugger huvudet av den döende Grendel och återvänder till ytan. Med gåvor och beröm från kung Hrothgar far Beowulf tillbaka hem.

I eposets andra del är Beowulf gammal och kung över geaterna. Nu hemsöks hans land av en eldsprutande drake. Beowulf tar sig till ett stort stenröse där draken bor och lyckas döda besten. Fast han har blivit dödligt sårad, och efter sin död ges han en storslagen begravning. Handlingen interfolieras av små berättelser, bl.a. ett geatiskt krigståg mot Frankerriket, en strid vid Finnsburg i Jylland samt ett krig mellan svear och geater.

Det har länge varit närmast stadfäst att Beowulfkvädet är skrivet av en engelsk munk på 700-talet. Kvädet så som det har bevarats är skrivet på saxisk fornengelska, och enbart munkar i området var skrivkunniga. Gräslund berättar hur JRR Tolkiens berömda föreläsning om kvädet 1936 grundfäste den synen, genom att påpeka att det intressantaste med Beowulf är dess litterära värde (vilket väl stämmer) och att dikten därmed måste ha skapats av en genial författare (vilket inte stämmer enligt Gräslund). Munken ska ha använt berättelser som cirkulerade på 600-talet om en skandinavisk hjälte vid namn Bjovulf (Beowulf på fornengelska) och med sin geniala penna sammanställt dem till en lång dikt.

Därmed får kvädets kristna inslag och den välgjorda kompositionen sin förklaring. Det mesta i Beowulfkvädet har hednisk klang, men flera saker i dikten visar på kristen påverkan. Munken ska således ha färgat de hedniska berättelserna med kristen ideologi, varmed eposets anses vara väl förankrat i en fornengelsk, kristen kontext.

Men den tolkningen håller inte måttet, menar Bo Gräslund. Han ifrågasätter den självklara bilden av en engelsk munk som på 700-talet med säker hand format Beowulfkvädet till en självständig produkt: "Trots att denne författare varit efterlyst av Forsknings-Interpol i tvåhundra år, är han fortfarande så skugglikt undflyende att han nästan får Homeros att framstå som av kött och blod."

Såsom arkeolog finner han många konstigheter i Beowulf. Flera artefakter, gravskick o.d fanns inte i England på 600-talet, då eposet sägs ha kommit till. Däremot fanns de i riklig mängd i östra Skandinavien före år 550, framför allt på svensk mark. Även den kristna grunden krackelerar i Gräslunds analys. Både artefakter, riter och berättelser med hednisk förankring förekommer så ymnigt i eposet att de kristna inslagen blir som lite påklistrade. Även språkligt sett vittnar flera omständigheter i dikten om ett icke-engelskt ursprung. Den materiella miljön, det sociala livet och ideologin i Beowulfkvädet speglar skandinaviska fursteliv men inte engelska, konstaterar Gräslund.

Utifrån alla sådana omständigheter kommer Gräslund fram till att den engelske munken har skrivit ned en text som har skapats under lång tid, från början i Sverige, snarare än att ha skapat dikten utifrån diverse lösa berättelser. Det måste ha funnits en relativt etablerad berättelsecorpus som munken utgått från vid nedtecknandet av sin text.

Det förklarar varför den engelske munken kan så förbannat mycket om svenska förhållanden som han omöjligen ska kunna: han har så att säga ärvt det mesta av skalder från danernas, gutarnas och svearnas land.

Gräslund presenterar därför följande teori om Beowulfkvädets uppkomst. Beowulf är en gotländsk furste av sveaätt som lever runt år 500. På Gotland och i Svealand (och delvis Själland) skapas berättelser om Beowulfs olika öden, vilka berättas muntligt inför hövdingar. I de berättelserna vävs på typiskt muntligt berättarmaner allehanda händelser som var i omlopp in.

Allt eftersom berättelserna återberättas fogas mer och mer in i handlingarna, t.ex. Beowulfs död, och de fogas allteftersom samman till en helhet. Med tiden – vi är fortfarande på Gotland och i östra Svealand – överdrivs Beowulfs bragder till att han slåss mot rena monster. Gräslund tolkar odjuren som allegorier för tidens ofärd, dels de flerfaldiga vulkanutbrott som 536-550 gjorde att solen "täcktes" i flera år med "fimbulvinter" som följd och en kanske halvering av jordens befolkning, dels svearnas brandskattningar av Gotland (drakens härjningar).

När kvädet närmast fungerar som en mer eller mindre fast helhet, fast muntligt förstås (den tidens skalder hade inga problem att memorera långa diktverk), blir en sveaprinsessa bortgift med en anglisk furste omkring år 600. Förbindelser mellan de två områdena skvallrar den berömda båtgraven i Vendelstil från ca 625 i Sutton Hoo om. Med hemgiftet kommer en bard som återberättar den rätt enhetliga berättelsen om Beowulf för anglerna. Under hundra års tid återberättas kvädet i England, först på anglisk mark, sedan på saxisk. Under den perioden läggs kristna inslag på berättelsen, fast de är mer artificiella införanden snarare än inslag invävda som en del av helheten; Beowulfberättelsen föreligger ju redan i rätt färdig form. Till slut nedtecknas berättelsen av en saxisk munk.

Vilka är då eposets geater, som forskare i 150 år har varit på jakt efter? Vanligast har varit att peka på jutar, goter, västgötar, östgötar eller kanske ölänningar. Gräslund kommer fram till att det bör vara gutar på Gotland. Dels passar eposets geografiska beskrivningar bara in på Gotland av alternativen, dels var Gotland välstående då, dels överensstämmer arkeologiska fynd på Gotland med vad som omtalas i eposet, dels hade gutarna förbindelser med både svear och daner, dels används ordet "wederas" och epitetet "weder-" för geaterna i Beowulf. Ordet har oftast översatts med ungefär "väder", men Gräslund finner hur en gammal svensk Beowulfforskare har framlagt förslaget "vädur", vilket passar utmärkt för gotlänningarna. Väduren (liksom får i allmänhet) har alltid haft en mycket särskild ställning på Gotland, både praktiskt och symboliskt. Gräslund lägger till och med fram förslaget att vädurar kan ha varit totemdjur för gutarna liksom svinet var det för svearna.

Alla är förstås inte eniga med Gräslunds slutsatser. Bland arkeologer, historiker och litteraturforskare finns det många som är kritiskt inställda. Själv har jag svårt med Gräslunds allegoriska tolkningar av Grendel och draken. Likväl är Gräslunds bok en skicklig studie som säkert kommer att sätta fart på allehanda svenska och utländska forskare.

Forskningen om nordisk järnålder, vikingatid och tidig medeltid har exploderat de senaste 25 åren, med mängder av intressanta utgrävningar, studier och böcker. Låt oss hoppas på ett förnyat Beowulfintresse, framför allt en ny översättning till svenska. Den senaste är Collinders från 50-talet (Modernista förlag har nyligen gett ut en Beowulf, men fräckt nog används Wickbergs översättning som är ännu äldre än Collinders). Den gamle gute-/sveahjälten Beowulf förtjänar sådan berömmelse.

EVA-MARIE OLSSON
2 september 2019

När svensk byråkrati slarvade bort mitt namn

Slag i slag kommer bevisen på att vårt "svenska" samhälle inte alls fungerar som det ska, och som vi tror att det gör. Den vanliga människan kommer i kläm, och i mitt fall har jag inte längre något tilltalsnamn. Folkbokföringen vid Skatteverket har malt ner och kastat mitt tilltalsnamn i minneshålet.

Och hur upptäcker man då att man inte längre har ett tilltalsnamn fast man i alla sina dar haft ett? Det var min arbetsgivare som mejlade mig om den bisarra informationen, för de hade gjorde den upptäckten då lönehanteringssystemet ändrat namn på mig då de numera hämtar sina uppgifter från Skatteverket. Man ändrade från Eva-Marie, till ett namn som mina föräldrar för drygt 60 år sedan satte främst av de två jag har. Jag känner mig frustrerad, irriterad och emellanåt rätt så arg, faktiskt. För hur många gånger har man inte i kontakt med svenska myndigheter blivit uppmanad att stryka under sitt tilltalsnamn på de blanketter i olika ärenden som man har framför sig och ska fylla i, på heder och samvete. Jag står idag utan tilltalsnamn, men med två förnamn – varav den eller de som vill skriva till mig själv får välja vad jag heter. Sjukt! Det skulle bli värre!

Skatteverket, "Det är många som ringer nu och kö-platserna är slut, var god ring senare KLICK". Det förflöt några dagar tills jag hade tid att ringa igen. "Det är många som ringer nu, vi har 21 handläggare du har plats 57, beräknad kötid är … 20 minuter". Och så kom jag fram till handläggare Claudia som förklarade att mina två namn som är placerade före efternamnet endast var förnamn och inget var tilltalsnamn, hon sa: "Dina namn är skrivna med små bokstäver och det betyder att du inte har ett tilltalsnamn för tilltalsnamn brukar vara skrivet med stora bokstäver". Man tar sig för pannan (min not.), jag blev nästan mållös, jag menar nästan.

Brukar, sa jag!!?? Då är det inte alltid så, menar du … men vad är det i mitt fall som har gjort att jag inte längre har ett tilltalsnamn? Det kunde hon inte svara på, utan skulle koppla mig vidare till någon som visste. KLICK. Så var jag urkopplad, linjen var bruten och jag befann mig tillbaka till ruta ett. Skatteverket har verkligen sett sina bättre dagar får jag ledsamt konstatera.

Skam den som ger sig, och jag ringde upp igen efter några timmar. Det är många som ringer vi har 18 handläggare du har plats 30 din förväntade kötid är, 18 minuter. Hej mitt namn är Ahmdnkl vad kan jag hjälpa dig med. Och så förklarade jag och han visste inte vad som hade gått fel och varför jag inte har ett tilltalsnamn.

Eftersom jag inte uppfattade den unga mannens namn vid presentationen sa jag: – En personlig fråga, har Du ett tilltalsnamn? Jo det hade han och det var Arhmed. GRATTIS till dig, så himla bra du har det, så bra har inte jag det, sa jag.

Arhmed är en serviceminded folkbokförings-handläggare så han kopplade mig vidare till avdelningen "Folkbokföringen Prio", som jag skarpt misstänker är en slaskavdelning där oregerliga omedgörliga "kunder" hamnar. Ve och fasa, jag gick motvilligt med på omkopplingen då jag starkt misstänkte att jag än en gång skulle bli bortdribblad och bortkopplad.

– Hej du har kommit till Davingo vad kan jag hjälpa dig med? Kanske gjorde denna man sitt bästa för att förklara något för mig som han inte själv visste ett smack om, vad vet jag. Han visste inte varför jag inte har ett tilltalsnamn mer än att jag inte har registrerat det. Och med en dåres envishet fortsatte jag att hävda att sedan den dag jag föddes år 1959 har jag ett tilltalsnamn som jag tilldelats av mina föräldrar.

Herr Davingos råd till mig var att ta reda på genom arkivet långt tillbaka i tiden om när jag blivit registrerad och vilket som var mitt tilltalsnamn, han höll inte alls med om att Skatteverket genom någon medarbetare eller grupp av medarbetare hade gjort något eller någon manöver så att det som fanns och fungerat försvunnit och nu bevisligen inte fungerar utan "oförklarligt" klyddar och konstrar till det för vanligt folk.

En personlig fråga, har Du något tilltalsnamn? Jo det hade han och jag gratulerade honom till det men i övrigt berättade jag för honom att jag ansåg att han inte visste vad han talade om då han enligt egen uppgift endast arbetat på myndigheten i 2,5 år och således enligt min konklusion inte var insatt och kunde veta hur svenska myndigheter fungerade, då, och ska fungera NU. 1959 en söndag i maj kvart över nio på kvällen föddes jag och då fick jag mitt tilltalsnamn, vad är det du inte förstår?

Så vilka namn har ni då på mig, undrade jag. "Karin Eva bindestreck Marie", och jag bad honom repetera frånsett Karin: "Eva bindestreck Marie" blev hans svar. Med en ängels tålamod informerade jag Davingo om att ett bindestreck betyder att det är ett dubbelnamn som utläses Eva-Marie. Folkbokförings prio-handläggare Davingo skrattade.

Då tog det fyr i helsicke i mig och jag skällde ut honom efter noter då jag kände mig KRÄNKT, han skrattade åt mitt namn. Ett namn är ens identitet, det man fått av sin mor och far, och det skrattade han åt. SKANDAL, VET HUT! Davingos blev inte alls ångerfull utan dundrade på om att jag var aggressiv och att han tänkte avsluta samtalet. Jag kontrade med att jag hoppas att det inte finns fler handläggare vid Skatteverket som liksom han skrattar åt namnet på den som vill ha hjälp av den svenska myndigheten, samt att jag hoppas att samtalet spelats in så att någon chef kan ta sig en titt på det. KLICK. Davingo försvann som en namnlös fis ut i cyberspace.

Så ringde mamma och jag lättade mitt myndighetssargade hjärta för henne. "Trams, såklart har du ett tilltalsnamn, det fick du när du föddes. Har dom inget annat för sig på Skatteverket, det är trams allt ihop".

Tack mamma, och det var det jag visste hela tiden, samtidig informerade jag henne om att svenska folkbokföringen vid Skatteverket har massor att göra, dagarna i ända i en aldrig sinande ström delar myndigheten ut de fyra sista siffrorna i personnummer till främlingar.

MAGNUS SÖDERMAN
2 september 2019

Sverige är som Flugornas herre – och värre lär det bli

Skolstrejkande barn- och ungdomar ska diktera världspolitiken och jaktmotståndare med hybris anser sig ha rätt att göra som de önskar … eftersom de är "goda" och har "rätt". Och varför inte, med tanke på att en räddhågad vuxenvärld släpper efter löplinan till den grad att de lika gärna kan släppa den helt.

Att barnen och ungdomarna ska leda vägen har vi nu fått itutat oss bra länge. Kanske började det redan med ungdomsupproret 1968 – detta avgrundsår som präglat vår samtid mer än Världskriget II, kalla kriget osv.

Sakta men säkert har de vuxna givit upp auktoriteten och den självsäkra lyssna-på-oss-attityden till förmån för ett stilla gnyende. Kort sagt kapitulerade man och lät det hela glida ur händerna. Idén om att barn och unga ska "ses men inte höras" gav vika för att de ska "höras mest". Och får de inte som de vill så ska det strejkas eller kastas sten (Greta Thunberg gör det förstnämnda och stödjer det sistnämnda exempelvis). Att det inte blir bra om man överlåter ansvar, beslut och planering inför framtiden åt omogna barn och unga spelar väl mindre roll, med tanke på att man slipper anklagas vara apologet för kryptofascistisk auktoritetstro.

Jag minns inte mycket av boken vi läste i skolan men titeln har satt sig (satt sig har också den övergripande berättelsen). Flugornas herre skulle vi läsa och det var ingen rolig historia. Den är ganska hemsk faktiskt, och läsvärd. Förutom den djupare dystopiska analysen av mellanmänskliga relationer som författaren vill förmedla så tar jag med mig hur dum idén är att barn och unga ska få råda över liv och död (eller ens ett primitivt samhälle efter ett skeppsbrott). Det blir inte bra. Om det i verkligheten skulle sluta som i Flugornas herre eller Korallön låter jag vara osagt, men barn kan vara riktigt elaka utan att för den skulle ta med sig detta in i vuxenlivet.

Vuxna finns till hands för att sätta gränser och säga ifrån när de omogna unga gör sådant de gör. Om ingen gör det – om inga gränser sätts – så slutar det riktigt illa. Då är det Flugornas herre på steroider (och samhällelig skala) som väntar.

Dit är vi på väg på grund av (eller tack vare, beroende på ideologisk läggning) 50 – 60 år av normkritik mm. Dagens vuxna var gårdagens barn och när jag var liten parvel (1980-tal) hade det redan pågått ett tag. Visst var det lite "hårdare tag" och aningen mer ordning än idag, men redan då sluttade planet rejält. Till exempel fick jag förstöra för mina klasskompisar på matematiken bra länge innan jag kastades ut från lektionen. Man borde naturligtvis tagit bort det roliga ur mitt kaxande, genom att inte acceptera minsta lilla. Antingen hade jag anpassat mig, eller inte.

Flumpedagogiken är utan tvekan skyldig till situationen av idag. Självfallet finns annat att peka på också (nationalmasochism, massinvandring och mångkultur mm.) men inget är så fundamentalt avgörande som förlusten av disciplin, ordning och reda hos de minsta. Varje "snöflinga" i dag är skapad av den liberala demokratin – detta Frankensteins monster som plockades ihop av likdelarna från historiens skräphög av ruttnade filosofier och ideologier. Och "vi" gör vad vi kan idag för att fördjupa och förvärra detta. Åter igen: att hylla skolstrejkare eller ta småungars "åsikter" på allvar är tokerier.

Vad vi har är således ett samhälle där blinda ("vuxna" som klemades bort förr) överlåter åt de blinda (dagens moderna barn och unga) att leda vägen … vilket alltid slutar med att båda faller ner i gropen.

Därför kan man inte bli förvånad över att (biologiska och/eller mentala ungdomar) anser sig ha rätt att angripa och hota några jägare i Skåne, vilket är vad som sker i ett filmklipp som gruppen Hunt Saboteurs Sweden lagt upp på sin Facebooksida. Det hela vore dråpligt om det inte vore för att dessa jaktsabotörer tog sig själva på mycket stort allvar. De beter sig som de barn de är (i huvudet). Men inte nog med det; de påhejas indirekt av "systemet". Jägarna i filmen kan nämligen inte göra något för att försvara sig, om de inte är beredda att riskera sina vapenlicenser vill säga. I ett normalt land vore det självklart att man fritt kan försvara sig om maskerade marodörer angriper en med våld (på privat mark därtill). Jägarnas återhållsamhet vittnar om deras insikt om att de sitter med svarte Petter redan från start. Samtidigt är de maskerade töntarna vana vid att få som de vill, bara de skriker och krånglar. De är gränslösa i den mening att ingen någonsin satt gränser för dem (och kanske på andra sätt).

Men varför inte? Ingen kan vara förvånad över det utan att framställa sig själv som en naiv och korkad stackare. År ut och år in har till exempel svensk kriminalvård primärt fokuserat på brottslingarna. Offren har fått klara sig bäst själva. 1975 sattes standarden (i 68-revolutionens spår) när filmen Släpp fångarna loss – det är vår lärde svenska folket att man minsann skulle göra just det. Liberalisering var ledordet.

När då tre "unga män" (etnicitet framgår ej) mellan 17 och 19 år kidnappar en 15-åring, kör ut denne i skogen och utsätter honom för en "tortyrliknande behandling" så är det självklart att det som vankas när lagens långa arm är färdiga blir lite ungdomstjänst, skyddstillsyn och samhällstjänst. I princip kan barn och ungdomar bete sig precis hur som helst utan att det får några konsekvenser: inte i skolan, inte i domstolen, inte hemma.

Eller nåja, låt mig rätta mig själv. Skulle de nu uttrycka nationalistiska tankar eller inte vilja delta i hbtq-kurser eller delta i en klimatdemonstration, då kan de räkna med att hamna under lupp. För i den liberala demokratin Sverige, som bröstar upp sig med sina "friheter" vet vi en sak: friheten vi har är att leva som hedonister och bete oss som svin. Det uppmuntras och konsekvenserna ursäktas. Tvärtom däremot, det kommer inte på fråga.

DANIEL FRÄNDELÖV
2 september 2019

Ivar Arpi går tryggt i minfältet

Ledarskribent Ivar Arpi försöker höja ribban ytterligare för vad som tillåts diskuteras i offentligheten när han påpekar det fullständigt självklara i att vi bör se till att de som inte har i Sverige att göra återvänder till sina hemländer. Det är ett svårnavigerat område i ankdammen Sverige och han tar det säkra före det osäkra genom att påpeka att svenskar inte finns egentligen. Och det är okej.

Det märks trots allt att det sker en förändring även om den är så långsam att man behöver time-lapsa nyhetsflödet för att se den. Tänka tillbaka, reflektera, hitta nyansskillnaderna. Och kanske framförallt mäta reaktionerna på vad som sägs. Vad som är tillåtet och inte. Vad som får debattörer att ducka och be om ursäkt och vad som har blivit mer rumsrent.

Ivar Arpi, högerdebattör och ledarskribent på Svenska Dagbladet, testar ofta var gränsen går. Det går att ha en hel del åsikter om var Arpi egentligen står politiskt men han är hur som helt en av relativt få individer som har modet att testa hur mycket åsiktskorridoren har breddats. Ibland kliver han på en mina och får ta några steg tillbaka, ibland går det bättre.

Nyligen spekulerade Arpi om återvandring på Twitter. På tal om Syrien, och att migrationsverket rapporterar att konfliktnivåerna där gått ned ytterligare, frågar han sig varför inte fler återvänder hem? Det gäller för övrigt inte bara Syrien. De påstådda flyktingar som kommer hit från krig och förföljelse har en tendens att bli kvar även när kriget är över, regeringen utbytt och allt borde vara klart för hemfärd.

Han utvecklade kort därefter sina tankar i en ledare där han påpekar att Sverige står inför ett vägval. Det stämmer. Migrationsverkets senaste prognos säger att det ska komma runt tjugo tusen sökande per år fram till 2022. Det stämmer. Men man råkade glömma att nämna anhöriginvandringen som vanligt. Där är siffran något högre. Nästan en kvarts miljon per år.

Hoppsan.

Så kan vi ju inte ha det, menar Arpi. Det är ju ett helt Malmö på fyra år och vi har redan ett Malmö, ett Malmö som rätt få är nöjda med. Och då består ändå Malmö fortfarande av en eller annan svensk. Ett Malmö helt bestående av utomeuropeiska migranter blir ännu sämre, även om det kan vara svårt att föreställa sig en plats på denna jord sämre än Malmö.

Bra där Arpi! Det måste ändå sägas och det är bra att det sägs på ledarplats i en av Sveriges största tidningar. Men, är man ute och promenerar på ett minfält gör man nog bäst i att ha på sig rejält med skyddskläder. Dessa skyddskläder kommer i form av det gamla vanliga avståndstagandet från hemska rasister som vill se ett vitt Sverige. För sådant ska inte tillåtas.

Därför är det bäst att dra till med den gamla käpphästen att det inte finns några svenskar alls. De har bara att göra med vilka identitetshandlingar du har och kanske lite med hur du beter dig. Har man svensk medborgarskap är man nämligen svensk i "väsentlig mening". Om man på detta lär sig svenska och skaffar barn, samt lär sig lite av kulturen så är man "i alla avseenden" svensk. Se där! Någon rasist är han då inte, den gode Ivar.

Vi landar till slut som vanligt i att det inte är något problem med invandring så länge det sker i en lagom takt så integrationen sker på ett tillfredsställande sätt. Inte för mycket, men inte heller för lite. För den som vill se ett vitt Sverige bör aldrig få sin vilja fram.

Jag känner mig träffad. Jag antar att det är sådana om mig som han riktar sig till. Jag ska aldrig få ens tycka att Sverige bör bestå av svenskar. Inte kulturella svenskar eller personer med svenskt medborgarskap, utan jag menar helt enkelt svenskar. Etniska svenskar, om man så vill även om det är ett fånigt uttryck.

Nåja, trots detta eviga och förutsägbara signalerande att man inte har gått och blivit rasideolog uppskattar jag faktiskt Ivar Arpi. Jag skulle kunna välja att gå till attack istället. Att han indirekt uppmanar till folkmord genom att insinuera att svenskar inte existerar. Att han kunde läsa på lite och ta ställning, kliva över till oss, använda sin makt till att göra riktiga och lite mer radikala förändringar i åsikskorridorens bredd.

Men det gör jag inte. Delvis för att Ivar Arpi knappast skulle lyssna på mig. Kanske skulle han till och med tycka att det var skönt att sådana som jag inte håller med honom, Ytterligare vatten på kvarnen som klargör att Ivar Arpi inte dömer folk efter hudfärg.

Istället så ser jag och gläds över de gränser som passeras och att motreaktionerna inte varit speciellt kraftfulla. Det är svårt att tänka sig en liknande ledare i Svenska Dagbladet för bara några år sedan. Då hade det ropats efter blod, efter att han genast skulle få sparken, att tidningen borde bojkottas. Istället hör man nu bara ett tröttsamt gnisslande från de gamla vanliga. Ingen folkstorm. Inget drev.

Våra motståndare börjar bli allt färre och de börjar bli allt tröttare. De märker att anklagelser om rasism och främlingsfientlighet inte biter speciellt bra nu för tiden.

Det är så vi kan vinna. Genom att idogt arbeta vidare. Tjata, tjata och åter tjata. Tjata om självklarheter. Tjata om fakta. Tjata om rim och reson.

Att öppet tala om återvandring är ett steg. Nu ser vi till att ta nästa.

DAN ERIKSSON
3 september 2019

Svenskhatande utlänningar avslöjade när återvandring diskuteras

När Ivar Arpi lyfte på locket till frågan om återvandring manifesterades svenskhatet bland många invandrare på ett tydligare sätt än på länge. De tänker aldrig låta svenskarna ha ett eget land låter de hälsa, utan att förstå att deras åsikt kommer vara irrelevant när svenskarna väl bestämt sig för att deras tid i vårt land är över.

Frågan om återvandring är avgörande för Sveriges framtid. Att vi ska ha noll invandring från utomeuropeiska länder, och starkt kontrollerad invandring från europeiska länder, är självklart och en inställning som börjar få allt bredare grepp om debatten. Men för att Sverige på sikt återigen ska kunna bli svenskt måste också en omfattande återvandring ta plats, och även om det kommer ta tid måste den absoluta majoriteten av alla med utomeuropeisk bakgrund, vare sig de är födda i Sverige eller inte, återvandra till sina hemländer eller till andra länder där de kan bo.

Detta är så klart ingenting nytt för nationalister, vi har förstått att återvandring behövs så länge vi existerat som opposition. Faktiskt är det så att Sverigedemokraterna var tydliga med denna fråga fram tills den första stora liberaliseringen av partiet i och med det nya partiprogrammet 1999.

"Sverigedemokraterna anser att Sverige måste kraftigt begränsa invandringen samt verka för återflyttning av invandrare av utomeuropeisk härkomst."

Under lång tid har Sverigedemokraterna släppt frågan om återvandring, vilket i valrörelsen öppnade upp för uppstickarpartiet Alternativ för Sverige som hade just återvandringen som sin huvudfråga. Tyvärr för oss som önskar återvandring var det inte många fler än 20 000 som röstade på det nya partiet, och Sverigedemokraterna behöll sin position som enda parti med ursprung i den nationella rörelsen (åtminstone i modern tid, Bondeförbundet är en annan diskussion) med platser i riksdagen.

De senaste dagarna har dock återvandring varit ordet på allas läppar. Svenska Dagbladets ledarskribent Ivar Arpi verkar ha öppnat Pandoras ask när han på Twitter skrev någon som för oss nationalister länge varit så självklart.

"Egentligen handlar det inte bara om Syrien, utan mer generellt. Varför återvänder inte fler till sina hemländer i större utsträckning? Vore inte det naturligt att asyl sågs som något tillfälligt, snarare än permanent? När det blivit lugnare, åker man tillbaka. Som grundregel."

"I stället för ett volymmål för fortsatt årlig invandring, borde kanske Sverige sätta ett mål för årlig återvandring."

Precis som när Uppdrag Granskning nämnde folkutbytet förra torsdagen, något som vi nationalister talat om i decennier och som Expo och andra charlataner försökt svartmåla som en "högerextrem myt", blev plötsligt ämnet ingen ville tala om det som alla skulle tala om. Men samtidigt som Arpi fick en hel del stöd för sina funderingar, inte bara från hårdknackat nationalistiskt håll utan också från mer moderata invandringskritiker som uppenbarligen inte förlorat allt förstånd, växte något annat fram som var ännu mer intressant — reaktionerna från utlänningarna som nu bor i Sverige.

Ett exempel är den svenskhatande polisen Nadim Ghazale som i hotfull tweet mellan raderna ändå var tydlig med att han skulle ta till våld mot oss svenskar om vi skulle kräva rätten till vårt eget land.

"Jag är en första generationens invandrare. Mitt hemland är ganska lugnt nu. Jag tillhör säkert de som käre Ivar åsyftar. Polisen kom och skulle ta oss 1992, det lämnade ett mysigt minne. Kom och försök ta mig nu, I dare you."

En annan utlänning som tydligt visade vad han tycker om svenskarnas rätt till sitt eget land är Expressens medarbetare Ibrahim Alkhaffaji som på Bonnierblaskans kultursidor skriver att svenska ska "vänja sig" vid att landet är fullt av utlänningar och att de "inte ska någonstans".

Det är viktigt att förstå vad som faktiskt skrivs här, och Ibrahim och Nadim är långt ifrån ensamma. Hur de än formulerar sig så är kontentan av deras uttalanden nämligen att vad än svenskarna tycker, om vi så skulle ge ett parti som står för storskalig återvandring egen majoritet i demokratiska val, så tänker de inte rätta sig efter det. De kommer aldrig tillåta att svenskarna återfår sitt land, utan de kommer då — med våld — bekämpa svenskarnas vilja. Det är ingen överdrift från min sida, det är faktiskt precis vad de säger.

Människor som resonerar så om vårt land och vårt folks rätt till överlevnad och självbestämmande är inga invandrare. De är inte heller flyktingar. Eller gäster. De är ockupanter.

Och vet du vad det bästa är? Ockupanter driver vi ut ur landet utan att fråga. Med våld om så krävs. Och vägrar de trots allt lämna vårt land trots att de inte är önskade här, om de gör våldsamt motstånds mot Återvandringsverkets utsända medarbetare, ja då finns det hårda straff att utmäta.

Men låt oss inte fastna för länge vid hur saker ska gå till när vi väl är där, först måste vi nämligen ta oss dit. Den tragiska sanningen är att det idag inte finns något brett parlamentariskt stöd för storskalig återvandring. Men jag är rätt säker på att det kommer bli en fråga som seglar upp på agendan för många partier de kommande decennierna.

Till en början kommer vi få se Sverigedemokraterna, Moderaterna och Kristdemokraterna lyfta fråga om återvandring i olika grad. Jag är också övertygad om att även Socialdemokraterna kommer börja lyfta frågan, säkert utan någon ärlig vilja att genomföra den, i desperation efter ännu ett väljarras 2022 eller kanske först 2026.

Vi nationalister kommer inte vara nöjda med något av partiernas kompromisser eller volymförslag, och det bör vi inte heller vara. Vår roll är nämligen, som utomparlamentariska organisationer och metapolitiska aktivister, att arbeta för att fortsätta flytta Overtonfönstret och för att se till att återvandringen blir så stor som möjligt.

Samtidigt bör vi arbeta för att ge parlamentariskt inflytande åt alternativ som vi vet står för återvandring, till exempel Alternativ för Sverige, för att fungera som ännu en blåslampa på de partier som redan sitter i riksdagen.

Men mitt i allt detta realpolitiska får vi inte heller glömma bort vår viktiga uppgift som måste fortgå oavsett den parlamentariska utvecklingen. Det kommer ta lång tid innan vi får se förändringar i politiken av sådan kaliber att Sverige åter kan bli svenskt, men det betyder inte att vi kan sitta på våra händer och vänta. Vårt långsiktiga arbete med att bygga alternativa nationalistiska strukturer, mötesplatser, bostadsområden och företagarnätverk måste nämligen fortgå — vi i Det fria Sverige vet att vår kamp är ett maratonlopp, och att vi måste fortsätta bygga en grund att stå på även när det kommer blåsa ännu hårdare.

MAGNUS SÖDERMAN
3 september 2019

USA fortsätter förse muslimska terrorister med vapen

Trots att den amerikanska administrationen och president Trump skryter om att man besegrat IS i Syrien, så visar det sig att man samtidigt fortsätter att förse dem med vapen. Vet inte den ena handen vad den andra gör? Eller är det den djupa staten som ignorerar presidentens vilja?

Det är den bulgariska undersökande journalisten Dilyana Gaytandzhieva som på armswatch.com redovisar läckta dokument från serbiska statsägda vapenföretag. Dessa visar att de serbiska företagen varit delaktiga i att transportera minst tre miljoner vapen till Jemen och Syrien under de senaste tre åren.

Efter att Dilyana Gaytandzhieva grävt vidare bland kvitton, dokument, följesedlar mm. har hon kunnat se hur dessa vapen till sist hamnat i händerna på IS-terrorister i dessa länder. Medan USA å ena sidan strider mot (har stridit mot) IS har de också sett till att fylla på vapendepåerna för terroristerna. Att amerikanska soldater dött av vapen som levererats till fienden av det egna landet är alltså högst sannolikt.

Dilyana Gaytandzhieva har publicerat två längre artiklar där hon redovisar de läckta dokumenten och berättar om kopplingarna mellan Mellanöstern, Europa och USA.

Det är i sak inget nytt som redovisas, förutom att vi kan följa dokumenten och se hur länder som Serbien, Kroatien och Rumänien också finns med i dessa nätverk av militära vapen till muslimska terrorister. Att säkerhetstjänster i allmänhet (och USAs olika i synnerhet) bedriver operationer som kan tyckas gå tvärs emot det som politikerna är vardagsmat, men det gör det inte mindre viktigt att påpeka och "avslöja" om och om igen.

Därför är Dilyana Gaytandzhievas avslöjanden viktiga. Dokumenten visar tydligt det som vi "vet" och vi får något att hänvisa till. Något större eller revolutionerande skillnad kommer det inte göra i sig, men för varje pusselbit vi lägger blir motivet klarare för alla att se. Vi vet ju också att Saudiarabien finansierar terrorism och struntar i allt som heter mänskliga rättigheter, men de kommer undan.

Att påpeka det är däremot inte fel.

Frågan är hur mycket Trumpadministrationen vet? Antagligen lika mycket, eller litet, som Obamas och presidenterna före honom. Som president i USA tror jag man rätt snart inser att det finns vissa saker som är på ett visst sätt, och det är bara att gilla läget om man inte vill riskera att sluta som JFK. Den djupa staten är högst verklig och det finns nog inte bara en utan flera. Olika säkerhetstjänster har sina egna mål och medel; andra intressegrupper har sina byråkrater och lobbyister som gör sitt. Militärer, poliser, federala agenter och vad det nu finns har sina egna agendor och cirklar som de är verksamma i. Eller för den delen, finanseliten. Ibland är de samspelta, andra gånger är de på motsatt sida.

Ett imperium som USA är hamnar där till sist. Medan den amerikanska militären vill besegra en fiende så vill CIA att samma "fiende" ska finnas kvar eftersom att en annan fiende försvagas av det. När en inflytelserik organisation vill störta en ledare för att komma åt olja så vill en annan tentakel hålla kvar den ledaren på grund av orsaker.

De olika aktörerna står upp för sin makt, sin vision, sin vilja och allt annat – alla andra – är brickor i deras maktspel. Detta kanske låter som en räcka ursäkter för Donald Trump. Om så är fallet så är det ursäkter också för övriga presidenter som suttit i Vita huset. Alla som väljs till posten som USAs president måste förr eller senare "gilla läget", eller inte. Men ingen av dem är nog medveten om den djupa statens bredd och djup innan de ställs inför den. En president kan vara bättre eller sämre i grundutförandet, men till syvende och sist ställs de inför faktum. Olika delar av USAs militär-, stats- och säkerhetsapparat har blivit för mäktiga. Återigen, för att inte tala om finanstentakeln (tentaklerna).

Makt korrumperar säger det gamla talesättet och absolut makt korrumperar absolut. Alltså bör makt över andra människor begränsas så mycket det går. Det är en fin gammal frihetlig idé. Och ska någon ha makt över människor så bör undersåtarna ha godkänt denna makt och därtill ha möjligheten att göra sig av med den. Genast blev det invecklat.

Men med den korrumperande makten i åtanke så kanske vare sig CIA-chefer eller andra vill hjälpa IS (eller vilken terrorgrupp det må vara). Kanske är det bara så att de tror att det de gör är för den större goda sakens skull. Makten de äger har dock korrumperat dem till den grad att de bara ser andra människor som brickor i spelet – brickor som de kan offra som de vill. Var det inte Kissinger som sa just det om soldater?

Och Trump tror att han sitter inne med det som krävs så han är beredd att rucka på några principer bara för "det stora godas skull". Som vanligt är vägen till helvetet stenlagd med de bästa av intentioner.

Någon lösning på detta kommer jag inte fram till här. Det enda som vi kan konstatera är att USA de facto fortsatt säljer vapen till sina fiender(?). Den vetskapen har vi nytta av och den säger en hel del.

DANIEL FRÄNDELÖV
3 september 2019

Varför får alla bli poliser utom jag?

Jag ansökte nyligen till polishögskolan. Det tog stopp direkt. En karriär inom polisen var förvisso inget jag hade räknat med men att så tidigt bli bortgallrad kändes lite snopet. Det är ju stor brist på blivande poliser och man gör allt fler undantag och regelförändringar för att få fler att klara utbildningen. Så vad är det för fel på mig?

Det var givetvis inte med syfte att faktiskt bli polis som jag ansökte. Jag ville bara se hur långt jag skulle komma innan mitt politiska engagemang upptäcktes. Jag kom inte speciellt långt. Jag kom faktiskt ingenstans. Det absolut första steget på vägen till polisbrickan är ett enkelt web-formulär. Är du galen? Är du sjuk? Gillar du att slå folk? Ungefär den sortens frågor.

Jag är ju varken galen eller sjuk och kunde tryggt svara ärligt på alla frågor. Enda gången jag kanske slirade lite på sanningen var på frågan om allas lika värde. Trodde jag verkligen på sådant? Det fick bli ett jakande svar, annars misstänkte jag att man skulle ryka direkt.

Men rök direkt gjorde jag ändå, vilket förvånade mig.

Jag vet inte om jag helt enkelt är för gammal. Eller kanske för vit och för heterosexuell? Eller så är mitt namn helt enkelt med på en lista över personer som inte anses lämpliga som konstaplar. Det lär jag aldrig få reda på. Jag fick inte bli polis hur som helst. Ibland kan det kännas som jag är den enda i hela Sverige. Kraven för att få bli utbildad till polis förändras kraftigt ju mer tiden går.

Nya poliser är till exempel dåliga på så grundläggande kunskapsområden som skrift och bilkörning. Det speglar en allmän trend i samhället säger man och det har man troligen helt rätt i men bör vi inte ställa lite högre krav på de som äger våldsmonopolet i samhället? Jag förstår att man inte blir polis för att man har författarambitioner men att uttrycka sig begripligt i rapporter borde väl ändå vara ett absolut grundkrav? Det är det inte och från polisutbildningen berättar man lugnande att det "inte är någon katastrof" och att det inte är så viktigt med stor bokstav eller punkt efter meningar. Det viktiga är att det blir rättssäkert.

Att en person kan genomgå hela grundskolan plus polisutbildningen utan att behärska det svenska språket har många förklaringar. Allt färre skriver manuellt och använder sig av rättstavning. Det leder till att man helt tappar känslan för skriftspråket. Även om det kanske inte är någon katastrof, som man hävdar, är det ändå sorgligt när man inser att det är gott om polisrapporter där varken versaler eller punkter används. Man frågar sig hur det kommer se ut när de äldre poliserna lämnat. Vem ska då rätta de nya? Kommer polisrapporterna ens att vara begripliga?

Brist på grammatisk korrekthet lär inte vara det största problemet inom framtidens poliskår. Den skriande polisbristen tillsammans med allt för få ansökande har gjort att man sett sig tvingad att sänka på vissa krav. Därmed hoppas man få fler poliser i tjänst snabbare. Men vad för sorts poliser?

2016 sänkte man begåvningskravet. Istället för att klara minst en fyra på en nio-gradig skala räckte det plötsligt med tre. En trea anses ligga under normalbegåvning. Begåvad nog att bli polis, dock. Begåvad nog att bära skarpladdad pistol, batong och handbojor. Begåvad nog att frihetsberöva människor. Begåvad nog att kunna lagen.

Givetvis följer det en del samtal och ytterligare tester för att bedöma lämplighet, men vill vi verkligen ha poliser som är mindre begåvade än befolkningen i stort? Det vore väl trevligt om vi kunde enas om att man iallafall borde vara medelbegåvad?

2017 var det fortfarande brist på poliser i utbildning och man sänkte kraven ytterligare. Denna gång var det de fysiska testerna. Aspiranter som inte klarade de (låga) kraven fick ändå möjlighet att fortsätta utbildningen. Dock var de tvungna att träna upp sin fysik och genomgå en senare examinering.

2019 lanserar man ett snabbspår för akademiker. De vanliga fyra terminerna pressas ned till två. Kraven är att man redan ska ha en akademisk utbildning inom exempelvis juridik. Någon uppsats behövs inte.

Det är även 2019 som det rapporteras om flertalet poliser under utbildning inte har muskelstyrka nog att avfyra ett vapen. De släpptes ändå vidare genom utbildningen, trots att de egentligen ska tvingas till ett sex månaders långt avbrott. Igen – det är brist på poliser och då får man göra vad som krävs, inklusive böja lite på reglerna.

Förändringarna har gett effekt. Inför årets höstutbildning har man rekordmånga sökande och de 850 platserna har fått utökas till 950. Fler än förväntat har klarat antagningsproven och konstigt vore det väl annars.

Sverige behöver fler poliser och vi behöver dem fort. Kanske finns det inget annat sätt än att förändra själva ansökningsprocessen men man undrar ju i sitt stilla sinne varför dessa förändringar behövs när det har gått så bra tidigare?

Tyvärr tror jag att det helt enkelt är sämre kvalité på de sökande. Det innebär att det kommer bli sämre kvalité på poliserna. Och i dessa tider är det bättre poliser vi behöver, inte sämre.

Kanske borde jag vara glad att jag inte anses lämplig som polisaspirant trots allt.

JALLE HORN
4 september 2019

Korruption inom FN – hurra, låt oss betala än mer!

Svidande kritik har delgivits FNs biståndsorgan för Palestina. Många länder har fryst utbetalningarna. Sveriges regering däremot kör på i gamla fotspår.

För några dagar sedan kom det fram att Sida länge har betalat ut biståndspengar till den afrikanska biståndsorganisationen AECF, vilka har gått till organisationens chefer mer än till bistånd. Det gäller att passa på medan dumskallar kastar pengar över en, tänkte kanske afrikanerna. Så småningom ställde Sida in utbetalningarna, när det korrupta beteendet blev för uppenbart.

Men när det gäller FN och i synnerhet dess Palestinabistånd ställs svenska utbetalningar inte in. Trots våldsamma interna anklagelser om korruption, nepotism, trakasserier o.d. mot den delen av FN-organisationen!

För en dryg månad sedan började media uppmärksamma att intern FN-kritik riktats mot dess organisation UNRWA (United Nations Relief and Works Agency for Palestine Refugees in the Near East). Al Jazeera var först ut, och de har faktiskt undersökt problemen i flera månader. UNRWAs ledning, däribland dess chef, schweizaren Pierre Krähenbühl (som bl.a. har bott i Sverige), ska ha anställt älskarinnor, levt oanständigt lyxigt under jobbet, försummat arbete, tagit sig otillbörliga privilegier, diskrimerat anställda etc. Utredning mot UNRWA har pågått i över ett halvår och kritiken är som sagt svidande.

Bland de större svenska nyhetsrapportörerna verkar ingen ha rapporterat om problemen (nätpublikationerna Omvärlden och Världen idag tycks vara ganska ensamma om uppmärksammandet) – förrän först igår, då Svenska Dagbladet hade en dubbelartikel om incidenterna. "Nu visar en hemlig rapport som SvD har läst," står det helt fräckt i en av artiklarna, trots att allt som sägs i artikeln har varit tillgängligt för allmänheten i veckor.

Men SvD ska ändå ha viss heder för att uppmärksamma FN-fusket. Regeringen däremot vill inte göra något åt problemen, t.ex. sätta tryck genom inställda betalningar eller ens hot om att dra in bistånd. UNRWA är ett av sossarnas älsklingsorgan; Sverige är tredje största bidragsgivare till organisationen med 436 miljoner kr detta år.

De pengarna är redan utbetalade, men regeringen och Sida vill ändå inte vidta några som helst åtgärder gentemot FN i allmänhet och UNRWA i synnerhet. Alltmedan länder som Nederländerna, Belgien och Schweiz har fryst pågående eller framtida bistånd!

Biståndsminister Peter Eriksson och Utrikesminister Margot Wallström, verkar ta lätt på händelserna. Eriksson menar att internutredningen mot UNRWA måste få fullföljas. Han har lärt sig sossestrategin; låt problematiska frågor drunkna i utredningar, fortsätt under tiden att sätta sprätt på bidragspengarna och sko dig själv under tiden.

Om svenska regeringsmedlemmar eller Sida-tjänstemän är inblandade i soppan framgår inte. Men det är klart att den halva miljarden kronor på något sätt gynnar Maggot, Periksson m.fl.

Nu är incidenten i och för sig ganska löjeväckande i sammanhanget. FN har alltsedan första dagen fram till dags dato varit korrupt på alla tänkbara sätt. Hur vore något annat möjligt med över hundra medlemsstater, varav de flesta är öppet korrupta och vissa (såsom Sverige) låtsas att korruption inte existerar. Hur många FN-medarbetare från alla möjliga länder har inte varit där, åtminstone delvis, p.g.a. pengar, möjligheter och en glansfull tillvaro med resor, chaufförer och drinkar!

Det vittnar bl.a. den s.k. grabbiga kulturen i FN (och allehanda biståndsorganisationer) om. Flera kvinnliga FN-arbetare från Sverige har berättat om problem med sexuella trakasserier, och både kvinnor och män från Sverige har säkert sett en del av arbetet som ett äventyr, där givetvis intima stunder ingår. Kryddat med gratis taxi och cocktails!

Både FN och biståndsorganisationer med anknytning till FN har varit involverade i prostitutions- och pedofilhärvor. Krig har FN sällan lyckats förhindra. Och gigantiska summor har på diverse sätt försnillats under operationer och av biståndsorganisationer. Man vågar knappt föreställa sig hur många miljarder FN-dollar varje år går till korruption på något sätt och flärdfullt leverne.

Fast den svenska tilltron till FN har alltid varit orubblig och alltid varit en del av den falska drömmen om det perfekta samhället. FN är det heligaste av allt heligt i svensk utrikespolitik. Och i centrum av den heliga drömmen har vi som vanligt sossarna, nu senast med Maggot som spindel i nätet. Det är inte naivitet, det är ren fräckhet och skrupellös inställning – och en stor dos sorts vänskapskorruption. Vän av ordning drar sig till minnes hur för några år sedan mycket av bidragen till norsk akademisk feminism frös inne efter programmet Hjernevask. I Sverige hände i stort sett inget sådant (trots Eva Lundgren-skandalen). SVT vägrade rent av visa programmet, trots att de erbjöds den gratis och den blivit storsuccé i Norge.

Idag är (därmed) feminismen en hörnpelare i den nya svenska statsreligionen som i ilfart för landet mot avgrunden, offrar döttrarna, applåderar åt igensydda vaginor och bortskurna blygdläppar, kämpar för högre aborttal bland etniska svenskar, avskyr den klassiska kärnfamiljskonstellationen, hatar biologi m.fl. tokigheter.

Vad dess ideologiska grunder är kan här få vara osagt. Men den praktiska grunden för dess galenskaper är att feminismen har fått utökad makt genom att ha fått behålla bidragen och rent av fått mångdubbla bidrag jämfört med för några år sedan. Man har gett feminister makt de inte förtjänar eller behärskar.

Den som inte tror att korruption är utbrett bland svenska feminister bör åka till Amman och Jerusalem där Pierre Krähenbühl huserar, ta honom i hand och känna sig till rätta.

MAGNUS SÖDERMAN
4 september 2019

Lösningen, TV4, är vare sig kannibalism eller att äta insekter

TV4 släpper fram beteendevetaren Magnus Söderlund för att få slå ett slag för kannibalism som ett svar på den påstådda klimatkrisen och sedan tidigare vill klimatalarmisterna få oss att äta insekter (förutom att inte föda barn, inte köra bil och inte det ena med det andra. Inget av detta är lösningar för oss – men lösningar finns det.

Att lyssna på Söderlunds utläggning om att äta människokött är absurt och svårt att ta på allvar. Men vi ska nog inte vifta bort det helt och hållet. Vi står inte på randen till skön ny värld där tallrikarna fylls med styckdetaljer från avlidna och som Söderlund påpekar är vi i väst ointresserade av såväl kannibalism som insekter. Vi har helt enkelt passerat det stadiet. Somliga andra har inte gjort det.

Det finns fortfarande stammar som praktiserar kannibalism. De brukar anses ociviliserade. Förr kallades de för vildar – mycket riktigt enligt mig. Vad gäller insekter finns det en jäkla massa människor som äter det på daglig basis eftersom det är så där och alltid har varit så.

Det finns också människor som bygger hyddor av avföring. Men så gör inte vi i väst.

Västerlandet har nämligen rest sig ur forntidens praktik och gått vidare. Och om du nu omhuldar idéen om ett urhem som Atlantis eller Eden så är det lika sant i alla fall, bara det att vi kopplar in en tidigare guldålder. Ska vi ta den allmängiltiga vetenskapen för sanning så måste vi acceptera att också våra förfäder då och då åt upp sina fiender (ritualistiskt eller bara för att man var hungrig) och därtill byggde vi hus av träck. Än idag finns det somliga också inom vår sfär som kan tänka sig lite kannibalism (jag tänker på er som läst Might is Right och inte muttrat surt vid just det kapitlet).

Mycket var bättre förr, mycket var också sämre och utvecklingen av ny teknik som gett oss fantastiska möjligheter att bygga bra hem, fordon, verktyg och så vidare skulle våra förfäder avundas oss. Det fanns ju också en orsak till att jägar-samlarna slutade jaga och istället började hålla boskap och odla. Faktum är att det här med kannibalism antagligen är något perifert och framförallt skedde i samband med ritualer. Ritualer vi gjort oss av med. Vi, alltså.

Inte heller "vildarna" har haft människor som huvudsaklig föda. En orsak kan ju vara att det är ineffektivt jämfört med andra alternativ. Faktiskt, när man tänker efter, är det underligt att någon ens skulle lyfta kannibalism som en lösning på "klimatkrisen".

Kanske vill bara Magnus Söderlund få lite uppmärksamhet, det är det mest troliga. Nu har han fått nog av mig så låt mig använda det hela som en språngbräda vidare. Det finns nämligen bättre lösningar på hur vi ska ordna med mat än vad som oftast lyfts fram. Vi behöver nämligen inte äta insekter; inte heller behöver vi plocka alger eller vad man nu tycker är en bra idé. Sanningen är den att vi i princip kan fortsätta ha det som vi haft det i väst. Det är nämligen inte i det yttre som lösningen ligger.

Det finns för många människor på jorden och ska vi vara ärliga är det inte de vita folken som kan hållas ansvariga för detta. Vi utgör inte ens 10 procent av alla människor. Därtill har vi sett till att ha ihjäl varandra i en ordentligt takt: tänkt Världskriget I och Världskriget II; lägg därtill alla aborter och att vi gör vad vi kan för att inte ha för många barn. Pratar vi överbefolkning – och det bör vi göra – så kan fingret pekas åt helt andra håll.

Ett är säkert: vi kommer inte kunna upprätthålla en västerländsk levnadsstandard för alla jordens människor. Men varför skulle vi göra det? För mig är det en absurd utgångspunkt och jag menar snarare att andra folk för göra så gott de kan. Jag är inte intresserad av några utrotningskrig när jag konstaterar att vi måste bli färre människor på jorden och jag ska hålla mig ifrån att i klara verba berätta om vilka som borde bli kvar och vilka som bör få stryka på foten.

Vi måste dock vara på det klara med att det är ett demografiskt slagfält vi befinner oss på och vi måste välja sida. Jag tror att om vi bara väljer vår egen sida och gör det vi ska, alltså strävar efter vår egen potentials uppfyllan så löser det mesta sig per automatik. Visst kan det uppstå situationer då andra vill åt det som är vårt, så har det alltid varit, men då får man bara stå rustad för det. Alternativet – som vi lever i idag – är fortfarande sämre sett över tid.

Vi måste helt sonika inse att alla inte kan få allt och att vår främsta lojalitet ligger till våra egna, inte andra. Folk och kulturer måste tillåtas gå igenom sina egna stålbad och ja, det innebär att vi inte lägger näsan i blöt: det måste vara vårt primärdirektiv (ni som sett Star Trek vet jag menar). Om vi inte släpper taget om "den vita människans börda" så kommer vi att gå under. Det är inte bara det rätta för oss, också de folk som idag lever i biståndsslaveri. Våra vänsterliberala godhetsknarkare håller miljontals människor i träldom genom att göra dem beroende av bistånd. En grymhet som upprepas generation efter generation. Det är dags att vi alla ser om vårt eget hus.

Eller så kan vi börja äta människor, insekter och bygga hyddor av koskit. Allt i medmänsklighetens namn – innan vi själva blir mat på bordet.

DANIEL FRÄNDELÖV
4 september 2019

Skämtar du om utlänningar får du sparken

Det är nog rätt jobbigt bakom kassan där ute i Svea rike. Utländska kunder med ett helt annat temperament och förhållningssätt till affärer gör att det gäller att vara på tårna så man inte blir lurad eller utnyttjad. Tre unga tjejer som arbetade på möbelföretaget MIO spelade in en kort filmsnutt där de drev med fenomenet. Det borde de inte ha gjort.

Spelat in det alltså. Saker som spelas in får lätt spridning långt bortom det planerade. Filmen blev det man brukar kalla viral och säkert som amen i kyrkan (om det nu är säkert nu för tiden) lades den upp på Facebook där de sedvanliga kraven på omedelbar uppsägning skallade.

Filmen är oerhört oskyldig. En kvinna i cowboyhatt spelar rollen som jobbig kund. Bakom kassan står en tjej med rödrutig schal på huvudet. Cowboyhatten frågar först om en sjumånaders baby kan få bli medlem, och försöker sedan pruta på en kudde eftersom en tråd är lös. Allt på bruten svenska. Flickorna fnissar.

Ett uttryck för frustration såklart. Jag kan bara tänka mig hur det är att stå och brottas med jobbiga, tjatiga, burdusa och kanske aggressiva kunder dagarna i ända. Lättnaden när det äntligen kommer en svensk till kassan. Då vet man att det blir lugnt och ärligt utan hets.

Att driva med jobbiga kunder har butiksanställda gjort i alla tider. Det ingår i jobbet. Att filma det bör man dock undvika. Att dela filmen med någon borde det vara spöstraff för. Särskilt, eller kanske endast, om det är bruna människor du driver med.

Aftonbladet lyckas gräva fram en kränkt utlänning (deras lager verkar outtömligt) som tycker att kvinnan i cowboyhatt allt för mycket låter som hon är från Mellanöstern och därmed är filmen en kränkning riktad mot alla som har ursprung där. Det är fördomsfullt, förlöjligande, allmänt hemskt och vidrigt.

Mios VD Björn Lindblad slänger med glädje sina tre unga anställda framför mångkultur-tåget och berättar att det inletts en internutredning mot flickorna och att de för tillfället är friställda. En fortsatt karriär inom Mio blir nog svårt. Och Lindblad är upprörd. Det korta klippet fick honom att spela upp hela känsloregistret. Först blev han arg. Sedan ledsen. För på Mio tycker man det är bra att alla är olika, givetvis.

– Först blev jag förbannad, sen ledsen. För oss är det enkelt: Alla är olika och olika är bra och det är värdegrunder vi ofta promotar inom företaget.

Flickorna är extremt ångerfulla, berättar Lindblad men det har de troligen inte mycket för. De gjorde nämligen det som fortfarande är oerhört förbjudet och förlöjligade den nya adeln i Sverige. För det finns ingen bot och ingen bättring. De hade varit bättre om de skämtat om en inte lika skyddad grupp. Kanske om vita män helt enkelt? Där kan man skämta hur grovt som helst utan att oroa sig för repressalier. Tvärtom blir du troligen hyllad.

Men att skämta om jobbiga kunder gör man bara inte om de kommer från ett land som färgat huden brun. Hur jobbiga och påfrestande de än är ska du bara le och hålla käften och ta emot skattepengarna de fått i bidrag.

Om det var rätt val att VDn att direkt vända sina anställda ryggen vet vi inte förrän i framtiden. Många har givetvis reagerat på att det bara var ett oskyldigt skämt, att flickorna var unga och att det hela är en överreaktion. Men som företagare är det kanske bäst att ta det säkra före det osäkra och offra det som offras bör.

Money talks, och så länge det finns mer pengar att tjäna på att böja sig för utlänningarna än att stå upp för svenskarna kommer många företagare helt enkelt göra det. Men någon gång kommer det visa sig att det är att göra tvärtom som ger fler kunder. Jag tror trots allt att det är ditåt vi är på väg.

Själv tänker jag välja ett annat företag nästa gång jag blir sugen på att handla dåliga möbler till högt pris.

JALLE HORN
4 september 2019

Länge leve DNA-forskningen

Brittiska forskare har undersökt britters arvsmassa och funnit att många människor i Skottland har hållit sig till både bestämd ras och mark i århundraden. På det skotska fastlandet dominerar keltiskt DNA, medan det på de skotska öarna även finns en rejäl dos vikingablod.

DNA-forskningen gör hela tiden framsteg allt eftersom man kan göra finare undersökningar, kommer på nya områden att undersöka och undersökningarna blir billigare och mer pålitliga. I arkeologi och historia har DNA-forskning varit en viktig hjälpvetenskap i ett par decennier.

Historiker och arkeologer kan därmed bättre studera sådant som folkvandringar, folkblandningar, bosättningsstrukturer, användande av grödor och boskap, matvanor, sjukdomar och mycket annat. Och så själva folkslagen och deras särarter förstås – det som förr kallades rasvetenskap! Ett ord som gott kan dammas av och användas på allvar igen! Mycket av nämnda exempel har man tidigare kunnat undersöka med andra hjälpvetenskaper, men med DNA-forskningen blir resultaten allt säkrare.

Nu senast har University of Edinburgh och Royal Collage of Surgeons in Ireland (RCSI) studerat arvsmassan (s.k. genom) hos folken i Storbritannien och Irland. Resultatet visar att många skottar bor kvar på samma plats som förfäderna, d.v.s. att de har samma arvsmassa som dem som bodde där för ca 1500 år sedan. Den etniska traditionen har således varit mycket stark i Skottland.

Skottarna är stolta över sitt piktiska arv. Pikterna var ett keltiskt folk som möjligtvis tog sig från Irland över till Skottland under romarnas era. Namnet är troligtvis romerskt efter ordet picti, bemålat folk, kanske eftersom pikterna gärna tatuerade sig. Deras krigarkraft kan man inte klandra. Varken romarna eller de germanska anglerna förmådde erövra deras skotska hemland. Däremot försvann de under medeltidens gång genom att blandas upp med andra gaelisk-skotska folkgrupper. Eller vad som nu hände! Alla folkgrupper i Skottland var i och för sig av keltisk börd i grund och botten.

På fastlandet är den keltiska arvsmassan dominerande i dagen Skottland. På flera av öarna däremot visar DNA-undersökningarna att nästan en fjärdedel av arvsmassan har nordiskt ursprung, främst norskt. Ö-skotttarna har således en rejäl dos vikingablod i sig.

Forskarna är hur som helst imponerade av skottarnas förmåga att behålla sitt genetiska arv så intakt och så fäst till bestämda platser, särskilt som den industriella revolutionen innebar kraftiga folkomflyttningar. Blut und Boden, som det heter på tyska, har uppenbarligen en viktig roll i människors liv. Oavsett vad allehanda moderna intellektuella tror, alltifrån socialister till dagens PK-muppar!

Sovjetkommunisterna gjorde enorma insatser för att försöka luckra upp allehanda folk från deras naturliga sammanhang av blod och jord, genom deporteringar, massiva tvångsförflyttningar, omskolningsläger m.m. Likväl består mängder av minoriteter än idag i östra Europa, med sina gamla språk, vanor och rasliga egenheter.

Där kommunisterna misslyckades har de svenska varianterna av socialister de senaste årtiondena funnit nya sätt att försöka luckra upp folkstammar: massiva förflyttningar av totalt främmande folk till det egna landet i hopp om att invandrare ska beblanda sig med svenskarna. Ondskan i den manövern är om något ondare än sovjetkommunisternas brutala metoder. Ingen ryss pamp under Sovjetepoken skulle komma på den befängda idén att tvinga det egna folket att blandas upp och försvinna.

Frågan är hur bra det kommer att gå för den svenska PK-ligan? Segregeringen i Sverige är mycket stark, både från invandrargruppernas och svenskarnas sida. Som sagt – Blut und Boden! Och finns inte Boden (jord, mark), så blir väl den andra delen – blod – desto viktigare.

Likväl måste det upprepas hur ondskefullt försöket till utplåning av den svenska folkstammen är. Och att försöka förneka det uppenbara syftet med massinvandringen är uteslutet. På 80-talet bedyrades det gång på gång att islam omöjligen kan ha någon framtid i Sverige eftersom det bara fanns några hundra eller ett par tusen muslimer då. Och på 90-talet sa man samma sak eftersom det bara fanns några få tiotusentals. Och så vidare! Exakta samma språkbruk har använts om svensk folkstam och kultur de senaste fyra decennierna.

Inom den modiga och sunda högern påpekas det med rätta hur enhetlig den svenska folkstammen och staten var för bara några decennier sedan. T.o.m. statsminister

Erlander sade offentligt vilken lycka det var för svenskarna att ha det så. Att utplåna den lyckan har varit de senaste PK-regimerna mål. Och det har uppenbarligen hög prioritet.

Men svenskarna har fortfarande stor möjlighet att bevara sin folkstam och sitt blod. Studier under 1900-talet kom fram till att svenskarna var mycket rasrena, ifall sådant ordval önskas. Renast ska dalslänningarna ha varit, fast den som förmedlade det till mig var kanske från Åmål...

Tillgänglig DNA-forskning visar klart att svenskarna har utgjort en distinkt variant av den germanska folkgruppen i tusentals år. Givetvis med viss varians, men ändå med några klara folkstammar som grund! I ett större perspektiv består de flesta svenskar av en övervägande dos indoeuropeisk DNA-arvsmassa, d.v.s. av det folk som tog sig från slätterna norr om Svarta och Kaspiska havet in i Europa, Iran och Indien. Sedan har vi ett par mindre doser gammalt jägar-DNA från människorna som kom till svensk mark under istidens tilbakagång och blod från de bondefolk som sakta men säkert bredde ut sig från Mellanöstern genom Europa under tusentals år.

Skottarna ska vara stolta över sitt piktisk-gaeliska arv (samt en dos vikingablod) och svenskarna ska vara stolta över sitt svensk-germanska arv. Länge leve DNA-forskningen!

DANIEL FRÄNDELÖV
5 september 2019

Stå inte mellan en dansk och hans hamburgare, din hippie

Det finns klipp där ute på internet som man vet att man kommer återkomma till om och om igen. Idag såg jag ett sådant. Filmen på den danske, och mycket arga, mannen som plöjer genom ett gäng protesterande vegetarianer gör mig på gott humör och någonstans är det sorgligt. För det är så sällan man ser folk som helt enkelt säger ifrån.

Vad är egentligen en hjälte? Är det en riddare i skinande rustning som dräper drakar? Är det en modig general som segrar trots att oddsen är emot honom? Är det den där personen som går mot strömmen, kosta vad det kosta vill? I ordboken beskrivs en hjälte som någon som "utmärker sig genom mot och tapperhet, och därmed förknippad viljestyrka och handlingskraft.

Det har gått inflation i ordet hjälte, det kan vi nog enas om. Den som säger något som inte anses fullt politiskt korrekt kan nog räkna med att få detta fina epitet. Det är kanske lite att ta i.

Men jag vill nog ändå kalla den hamburgersugna man i Danmark som kraftfullt förflyttade en skock vegetarianer från ingången till en välkänd hamburgerkedja för hjälte. Det är min hjälte iallafall. För jag mår så bra av att se honom göra det.

Vi befinner oss alltså någonstans i Fredriksberg, Danmark den första september. Någon form av manifestation pågår. Hårdingarna i "Extinction Rebellion Denmark" har, i ett tappert försök att rädda världen, ställt sig framför ingången till en restaurang för att förhindra kunder att handla mat. Det går till en början ganska bra. Folk kommer fram, ber dem flytta sig, de säger nej och kunderna får gå vidare med oförättat ärende. Aktionen lyckad. En hamburgare räddad. Men så kommer han. Den hungrige dansken. Och utöver att vara hungrig så är han stor. Och han tänker inte låta några sojaätande snorvalpar stå mellan honom och ett skrovmål.

"Jag bryr mig inte, fuck det. Flytta på er annars går jag genom er" varnar han. Veganflocken lystrar inte. Det var fel val. Sagt och gjort så plöjer sig den hungrige densken fram utan några större svårigheter, som en skäggig och varm kniv genom sojasmör. Veganer åker kors och tvärs och någon ramlar. Det går dock relativt lugnt till.

Tills någon gör misstaget att ta tag i honom. Då jävlar.

"Ska jag smask' dig noen, din svans" ryter han så det ekar över hela Fredriksberg. Jag är något oklar över den exakta betydelsen men det låter sannerligen otrevligt. När denne hamburgarviking "smasker" någon så gör det nog väldigt ont,

Vegetarianen som tagit tag i honom ångrar sig genast och ser ut som att han önskar att han var någon helt annanstans, långt bort från arga skägg.

"Är det någon som har problem" fortsätter han, dånande, och stirrar stint på flocken. Men ingen har några problem. Inte längre. Nej då. Det går så bra att han äter sin hamburgare. Att hindra folk från att gå in i restaurangen var plötsligt inte alls viktigt och alla gör sitt bästa för att titta bort och hoppas att han ska försvinna.

Själv sitter jag och njuter. Ser klipper om och om igen. Och undrar varför jag mår så bra av det. Jag har faktiskt funderat på det ganska mycket. Arg dansk skriker på vegetarianer lixom. Vad är det för grej att se på om och om igen?

Det är flera anledningar. Delvis är det så oerhört skönt att se ilska. Gudabenådad och äkta ilska från någon som fått nog. Den hungrige mannen blir plötsligt dubbelt så stor och reser sig som en jätte över alla de små vegetarianerna som darrande bara kan huka sig och hoppas att inget händer. De är tjugo mot en. Men de skulle inte ha någon chans. Han vet det, och de vet det.

Det är även så otroligt skönt att se folk faktiskt agera mot dumheter. Mot orättvisor. Mot fenomen som är störiga. Mot irriterande personer. Mot sådant som skaver, stör och retar.

För vi tittar nästan alltid bort. Jag gör det själv allt för ofta. En störig tiggare. Ett högljutt gäng utlänningar. Folk som trängs och puttas och är i vägen. Man ignorerar och tittar ned i telefonen, eller går vidare till nästa restaurang där det inte står mähän utanför och en. Det är lättare så.

Men det går bland oss en människa som inte tänker titta ned. Han tar striden. Han säger ifrån. Han agerar.

Hans namn är okänt. Men han inspirerar.

JALLE HORN
6 september 2019

En dansk som kan allt om ungdomlig kärlek

I vår cyniska och ironiska tid är det behagligt att ibland få lite äkthet. Äkta känns i alla fall dagens dikt av dansken Christian Winther som levde i mitten av 1800-talet. Men kanske är det bara dikt och förbannad lögn.

Dikten är t.ex. en del av en diktcykel (Genrebilleder) som berättar en historia, där bl.a. en grupp kommer till en krog, och där uppträder en musikant som framför den här dikten som sång till piano.

Förstått så behöver dikten inte ha ambitionen att ge känslan av äkta idyll. Men när den läses utanför sitt sammanhang, som en dikt för sig själv, förmedlas onekligen en sann idyll med ungdomens äkta känslor. Och trots mycket idyll, som för vissa kan kännas lite väl enfaldigt, har Winther ofta en genuin ton i sina dikter, vilket gör att de inte känns löjliga eller klyschiga.

En annan sak som gör att hans dikter höjer sig långt över det simpelt idylliska och för den delen medelmåttiga poeter är att dikterna har en gnistrande klarhet, att de är så sinnligt närvarande. Det gäller verkligen dagens dikt. Varje strof bjuder på starka visuella bilder, antingen p.g.a. vad som beskrivs eller p.g.a. bildspråket (metaforer, liknelser o.d.).

Nå, låt oss inte förstöra den äkta känslan med för många ord. Vi låter Christian Winthers diktkonst tala för sig själv. Översättningen är mer eller mindre ord för ord och har bara funktionen att göra förståelsen enklare.

Ak, mindes Du, vi kom fra Dands
Og vandred gjennem Byen;
Nathimlens rige Fakkelkrands

Var slukt af Taageskyen.
Du tripped paa de pene Been
Adroit og let fra Steen til Steen
Og jeg holdt Paraplyen. Den Vandring klart i Mindet staaer,
Og aldrig har jeg glemt den;
Jeg var kun sytten, atten Aar,
Og Du kun fjorten, femten.
Dybsindig ei vor Tanke var.
Men Tungen frit fra Hjertet bar
God Lystighed og Skjemten. Og Svar og Gjensvar fulgtes net
Som Rimet i Terziner,
Som i en capricieus Duet
To friske Violiner.
Vi var i Læ for Nid og Nag,
Den hele Kjøbstad sov jo bag
Nedrullede Gardiner. Vi kom til Torvet; som en Elv
Det flød med sorte Vover.
Du standsed her og bad mig selv
At bære Dig derover.
Jeg vandrer end saa tidt, saa tidt
De hundred, lykkelige Skridt
I Drømme, naar jeg sover.
Saa glad jeg Dig paa Armen tog,
Mens vi blev ved at snakke;
Din ene Arm fortroligt slog
Du blødt omkring min Nakke.
Det gik for smaa og rebne Seil,
Som var det Torv et iisglat Speil,
En steil, livsfarlig Bakke.

Jeg flytted langsomt mine Been,
Og lod Dig varligt glide
Ned paa din Faders Trappesteen
Og stod saa ved din Side.
Hvi dvæled vi? ak, aabenbart
Det var Gud Amor blevet klart,
At nu var det paatide!

Han lærte os at kjende nu
To Læbers søde Varme.

Du trykked mig med stille Blu
I dine unge Arme.
Vi glemte Alt omkring os, Alt,
Vi hørte ei de Dryp, der faldt,
Paa Silkeskjermen larme.

O. dette lange – lange Kys,
Vor første Blomst i Vaaren,
Det lever end, som var det nys
For os til Verden baaren.
Det lever som min bedste Skat
I Glædens Solskin, Sorgens Nat,
I Smilet og i Taaren.

Ack, minns du, vi kom från dans
och vandrade genom stan;
natthimlens rika fackelkrans
var släckt av dimmors moln.
Du trippade på söta ben
säkert och lätt från sten till sten
och jag höll paraplyet. Den vandring klart i minnet står,
och aldrig har jag glömt den;
jag var blott sjutton, arton är,
och du blott fjorton, femton.
Djupsinnig var vår tanke ej.
Men tungan fritt från hjärtat bar
god lustighet och skämtan. Och svar och gensvar följdes nätt
som rimmet i terziner,
som i en kapriciös duett
två friska viloliner.
Vi var i lä för spott och spe,
hela köpstan sov ju bakom
nedrullade gardiner. Vi kom till torget; som en älv
det flöt med svarta vågor.
Du stannade här och bad mig själv
att bära dig däröver.
Jag vandrar än så titt och tätt
de hundra, lyckliga steg
i drömmar, när jag sover.
Så glad jag dig på armen tog,

medan vi fortsatte prata;
din ena arm förtroligt slog
du mjukt omkring min nacke.
Det gick för små och revade segel,
som var torget en isblank spegel,
en brant, livsfarlig backe.

Jag flyttade långsamt mina ben,
och lät dig varligt glida
ned på din faders trappsten
och stod så vid din sida.
Varför dröjde vi? Ack, uppenbart
blev det nu klart för guden Amor,
att nu var det på tiden!

Han lärde oss att känna nu
två läppars söta värme.
Du tryckte mig med stilla blygsel
i dina unga armar.
Vi glömde allt omkring oss, allt,
vi hörde ej ens dropparna som föll,
på silketrycket larma.

O, denna långa – långa kyss,
vår första blomma i våren,
den lever än, som var den nyss
för oss till världen buren.
Den lever som min bästa skatt
i glädjens solsken, sorgens natt,
i leendet och i tåren.

MAGNUS SÖDERMAN
6 september 2019

Skattesänkningen till landsbygden är ett dåligt skämt

Nästa år blir det klirr i kassan på landsbygden … eller? Regeringens lansbygdspaket är tänkt att öka rättvisan och minska skatteklyftan. För nordvästra Sverige i alla fall. Och inte så mycket heller känns det som.

De flesta svenskar köper det enkla faktum att både landsbygd, småstad och storstad är bra för Sverige och svenskarna. Vi ska ha lite av varje. Det är också en central nationalistiskt ståndpunkt. Av olika orsaker blir det dock en hel del landsbygdsvurmade hos, mest eftersom städerna befinner sig i så dåligt skick och att det är i dess förorter (alltså orten) som förfallet gått längst. Eller, det var så, nu har vi liknande problematik i byar med några hundra svenska invånare. Oavsett är det sinnebilden och den får vi gå efter.

Politikerna pratar gärna om att hela Sverige ska leva, men mest är det prat. Man vill ju inte göra storstadens valboskap för upprörd. Å andra sidan vill man inte reta upp kommunerna heller. Varje röst behövs ju när det är dags för val. Så med jämna mellanrum kommer löftena, även om de på senaste tid blivit urvattnade ordentligt.

Betänk att regeringen Löfven fullkomligt slaktade det kommunala självstyret för att kunna fylla på hela Sverige med utlänningar. Att kommunpolitiker (och invånare) på fullaste allvar inte förstod att bidragen skulle ta slut och att man därefter skulle få bära alla kostnader själva är häpnadsväckande. Och nu sitter man där, med problemen. Också den vansinniga klimatpolitiken gör sitt till. Drivmedel blir dyrare och det ska kompenseras med kommunaltrafik, säger MP-politikerna. Jo visst, så kan bara en verklighetsfrånvänd idiot på Helgeandsholmen tänka (och säga).

Men något måste man slänga till valboskapen utanför tullarna och nu har regeringen (med stödpartierna C och L) presenterat sitt landsbygdspaket. "Sänkt skatt till landsbygden" ropas det ut för fulla halsar. 2020 blir det lättare och bättre för alla på vischan. 2,2 miljarder skattekronor spenderar man. Det är dags att sänka skatten nämligen.

Framförallt sänker man skatten i nordvästra Sverige. 80 kommuner och 830 000 medborgare berörs. Klang och jubel i bygdegården. Spenderbyxorna hemma i stugan stryks ordentligt. För 2020 får man ... håll i er nu ... 137 krispiga svenska kronor i sänkt skatt. Synd att landsbygden inte är klimatet, det får nämligen 2,9 miljarder.

137 kronor. Det var det. Jublet fastnar i halsen och spenderbyxorna slängs på gödselstacken. Känslan är: "ni kan lika gärna behålla pengarna, politikerjävlar". Kommunerna som omfattas har alla sina egna problem att dras med, så vad kommer ske när staten sänker skatten? Ja, varför inte höja kommunalskatten? Helt plötsligt finns det ju lite mer utrymme. Och vi kan ju vara säkra på att drivmedlen inte kommer bli billigare, eller maten. 137 kronor ... det är som att bli spottat på efter att man slagits omkull; det är som att bli bedragen och sedan tvingas se en inspelning av det ... det är som att dra ut en tand som är i sin ordning.

Lite annat ingår också i paketet: 85 miljoner till mediestöd till landsbygden; 150 miljoner till bredbandsutbyggnad, bland annat. Skönt på sätt och vis, även om du inte har råd att tanka bilen så kan du i alla fall läsa gammelmedia på ditt snabba bredband.

DANIEL FRÄNDELÖV
6 september 2019

Minskat bistånd är fortfarande för mycket bistånd

Det råder tävling i att peka ut självklarheter i den svenska samhällsdebatten för tillfället. Det är givetvis uppskattat och bättre än den tävling i att blunda, förneka och ducka för dessa självklarheter. Nu är det Moderaterna som påpekar att det kanske är en dum idé att skänka bort miljarder och åter miljarder till biståndsprojekt när vi inte ens kan ta hand om vår egen befolkning.

Alla riksdagspartier, förutom Sverigedemokraterna, har fram tills nu tyckt att det är lämpligt att skänka bort en hel procent av Sveriges bruttonationalinkomst. Det blir i runda slängar 50 miljarder kronor i år. Pengar som ska ut ur Sverige även om det inte finns något vettigt projekt att satsa dem på. En procent är bestämt, en procent ska ges bort. Därmed basta.

Detta har pågått i många år. Sedan 2006 har man avsatt denna procentsats i budgeten. FN rekommenderar 0,7 procent och få länder följer detta. Men det är för lite för svensk riksdag. Vi måste vara bättre!

Moderaterna lyfter nu frågan och undrar sig om vi inte skulle kunna tänka oss att dumpa enprocentsmålet och istället gå enligt FNs rekommendation? En liten sänkning av biståndet på under 0,3 procent innebär många fler miljarder som stannar kvar hos de som faktiskt förtjänar dem – skattebetalarna.

De 50 miljarder som nu används för att stödja mer eller mindre framgångsrika biståndsprojekt är ungefär lika mycket som vi lägger på försvaret och dubbel så mycket som polisen får. Givetvis fullständigt vansinne. Ett land som inte kan ta hand om sin egen befolkning och vars samtliga samhällsfunktioner slutat fungera eller haltar betydligt borde direkt se över vad det finns för utgifter man skulle kunna dra ned på. Bistånd bör ligga mycket högt upp på den listan.

Även om Moderaternas förslag givetvis är välkommet, och för dem närmare ett faktiskt samarbete med Sverigedemokraterna, hade man önskat att de vågade gå lite längre. Det bör vara väldigt lätt att argumentera för sin sak.

Låt mig hjälpa till. Förutom det självklara – man ger inte bort pengar man själv behöver, så är bistånd fel i grunden. Det är inte bra att skänka saker, om det så är bidrag eller bistånd. Det skickar fel signaler. Det ger inte de önskade effekterna. Det fungerar inte helt enkelt.

Hur mycket bistånd som har skickats till u-länder genom åren går inte ens att beräkna men vi kan nog enas om att det är svindlande summor. Ändå är dessa länder i stort sätt lika illa däran som innan. Bistånd är punktinsatser som sällan ger den avkastning som det är tänkt. Länder förblir outvecklade. Svält och sjukdomar härjar fortfarande.

Och detta är i de fall man faktiskt satsat på sådant man man vanligtvis förknippar med bistånd, det vill säga mat, vatten, skolor och infrastruktur. Men det är inte ovanligt att våra skattepengar gå till flummiga genusprojekt eller direkt ned i korrupta politikers fickor.

Stödet för bistånd är dock stort i Sverige. 8 av 10 tillfrågade tycker att det trots allt är en bra ide att vi som är rika ger till de fattiga. Och kanske tror de faktiskt att biståndet gör något gott? Att det går till de där smala svarta barnen i Afrika man sett på bild? Och det gör det faktiskt, men inte i speciellt stor utsträckning.

Låt mig vara ärlig. Även om bistånden faktiskt fungerade. Även om de gick till de fattigaste och mest utsatta, så är jag emot det. Vi måste sopa framför egen dörr först och kan inte tillåta att en enda svensk har det dåligt innan vi funderar på att skänka bort de pengar som kunde ha hjälpt honom eller henne.

Jag tycker det är fullständigt självklart. Förhoppningsvis leder moderaternas förslag till att frågan äntligen lyfts och allmänheten får reda på vilka oerhörda summor vi betalar i bistånd och kanske även var de landar. Då kanske de där 8 av 10 går ned till en betydligt lägre siffra och vi kan använda pengarna här hemma där de behövs som mest.

EVA-MARIE OLSSON
9 september 2019

Har du frågat dig själv vilka du är beredd att försörja?

Vi svenskar var i många år självsäkra om arbetets ära, och vi bar alla inom oss ett helt naturligt förhållningssätt om att förvalta, samt värna de framsteg och goda ting som våra släktingar före oss hade arbetat sig till att föra vidare åt oss. Tills en dag då vi börjar att fundera över hur allt hänger ihop, och ser de oroväckande samhällsförändringar som finns öppna för var och en att se och uppleva.

Från att ha varit ett land där de allra allra flesta har hög arbetsmoral i mening att "göra rätt för sig", till att fler och fler faller ifrån den kollektiva utstakade arbets- och ansvarskännande vägen, handlar, som jag ser det som, självbevarelsedrift. Man börjar att tänka själv.

Du ser, hör eller får känna på att något inte är som det borde vara. Kanske in på bara skinnet den där tidiga mörka, kalla morgonen då du tar dig till jobb, frågan inställer sig om "vad håller jag på med, hur många ska jag vara med att försörja, utöver min egen familj?"

Livet är aldrig rättvist. Besvikelsen blir kanske en dag så stor att en stor frustration och ilska infinner sig. Varför ska vissa likt arbetsmyror i ur och skur ta sig till arbeten, arbeten som kanske även är dåligt betalda, medan andra kan softa hemma eller softa på café och betala kaffet, bakelsen och cigaretten med skatter som Du pyntat in i systemet.

När sedan krav ställs, och det allt mer frekventa gnället på både utrikiska och svenska ökar i styrka om att mer och fler fördelar självklart ska ställas till förfogande för personer som aldrig gjort ett skapandes grann för vårt land, och självfallet inte deras förfäder heller gjort nån input på denna kontinent. Då har man med all rätt rätt, och skyldighet att reagera.

Sedan går tiden, år läggs på år, man arbetar på plikttrogen som tidigare ... men, den där självklara viljan och glädjen för sitt slit brinner inte lika het längre. Funderingar gror och man undrar över vad förvaltar och bygger vi till våra kommande generationer, hur många främlingar bygger vi landet åt?

Exemplen som visar på skevheten i närande och tärande blir fler och fler, politikers välvilja, och krypande gentemot andra länders medborgare i vårt land finner inga gränser. Om dessa orättvisa folkvalda i starkt engagemang i egenintresse kunnat, hade de förmodligen gett bort hela vårt land i ett slag ifall de bara kunnat klura ut hur de skulle få till det.

Om det funnits en knapp att trycka på där hela vårt land och våra barns framtid getts bort med ett tryck, då hade med all säkerhet politiker med sinnelag för folkförräderi stått i lång rad för att sätta tummen mitt på och fått det gjort, snabbt.

För någon dag sedan kom jag på när jag för första gången insåg att jag var lurad av staten, mina tankar kretsade då liksom nu allt oftare med tankar som, vad håller jag på med, varför ska jag stiga upp i ottan för att bege mig till jobb, när det är mycket skönare att sova ut i min säng, varför ska jag jobba åt politikers galna prioriteringar som inte på något vis gagnar mina efterkommande?

Min man var så snäll och körde mig till jobb en tidig vintermorgon, snön yrde, det var alltför halt att cykla tvärs genom staden till Västra hamnen. Bilradion stod på och det var där i ottan dags för Radio Malmöhus nyhetsuppläsning, första inslaget handlade om missbruk, det handlade om missbruket av att tugga blad, kath. Ni vet den somaliska drogen där männen har hela käften full och tuggar och tuggar tillsammans med andra män, landsmän.

Den skånska reportern intervjuade en somalisk man som gnällde om hur orättvist det var, han sa och jag minns det som om det var igår: "Varför finns det inte kliniker för att hjälpa somalier ur sitt kath-beroende, ni svenskar super och ni får hjälp på alkoholklinik...". Maken till fräckhet!

Reportern frågade så afrikanen om vad hans kath-tuggande kostade honom per dag, "500 kronor per dag" blev somalierns svar. Jag kröp ihop där i bilen, jag frös, mådde fysiskt illa, ville ut; jag ville skrika ut min vrede som bubblade och kokte i mig, det var det jävligaste. Det var det jävligaste! Detta var skamligt! Detta var att å det grövsta trampa på mig och mitt land!

Denna morgon liksom så många andra morgnar var jag och andra arbetande svenskar på väg till jobb. Sedan den vintern och den specifika nyhetsuppläsningen på P4 Lokalradio Malmö insåg jag att det aldrig kommer att fungera. Tar man hit Afrika, får vi Afrika, och det är inget som är nyttigt eller önskvärt att ge som framtid till våra barn.

Den somaliska mannen var den förste som fick mig att tveka inför systemet att arbeta och betala skatt, skatteinbetalningar med vars hjälp korrupta politiker spelar spelet med att prioritera andra länders medborgare framför sitt eget folk. Flera år senare rullade massinvandringsåret in, år 2015 kom med invasion, påbud om höjd pensionsålder kom som på beställning. Kan det sägas tydligare?

MAGNUS SÖDERMAN
9 september 2019

Handfasta råd till dig som inte vill bli skjuten

Det vi framsynta "hatare" varnat för är nu här. Oskyldiga personer hamnar i vägen när kulorna viner. Låt oss därför titta närmare på hur man undviker att bli skjuten i Sverige 2019.

Nu går det inte att bo i Nacka heller, inte om du frågar Anders som till Expressen säger att han vill flytta till Värmdö. Det var nämligen "ganska många lägenheter" som träffades av skotten igår kväll då det öppnades eld mot/mitt i ett bostadsområde i just Nacka. Värmdö är väl lite bättre, tills det inte är det längre. För förr eller senare kommer det dit också.

Problemet med att "fly" hellre än att fäkta (och med fäkta menas här att ta ställning, rösta annorlunda och gå samman med grannar för att försöka hålla en enad front) är att man inte kan fly den förändring som sker i Sverige. Minns vad statsvetaren Jenny Madestam skrev (Aftonbladet den 13 juni 2014) då hon krävde att det kommunala självstyret skulle "stryka på foten" för att tvinga alla kommuner att ta emot "flyktingar":

"Det ska inte längre vara möjligt att bo i en 'vit' kommun. Hela Sverige ska vara öppet för människor som söker sig hit. För dessa människors skull, för alla Sveriges kommuners skull, och för att ett mångkulturellt samhälle är bättre än ett homogent."

Anders kan flytta hur mycket han vill. På sikt kommer det inte spela någon roll. Jenny Madestam fick som hon ville och det finns ingen "vit" kommun i Sverige idag. Att det blev bättre, som hon lovade, kan vi ju konstatera att det inte blev.

Ja, det finns en direkt koppling mellan de "mångkulturella" områdena, massinvandringen, det svenska självhatet och gängskjutningarna. De hör ihop. Ju fler områden som blir "mångkulturell", desto fler områden blir också otrygga. Gängskjutningar är bara toppen på isberget. Det finns mycket annat man kan oroa sig för än att bli skjuten när gängen gör upp, men eftersom det är vad som är på tapeten just nu, låt oss stanna vid det.

Det finns nämligen en del man kan göra för att slippa bli skjuten i Sverige idag. Tyvärr innebär det att begränsa sig själv, att kringskära sin frihet och att anpassa sig till verkligheten (en verklighet de flesta svenskar kan beskyllas för att vilja ha, då de tillåtit "utvecklingen" genom röstsedeln och sin totala tystnad. Och nu får man stå där med det sura äpplet och ta sig både en och två tuggar.

Så här undviker du att bli skjuten:

- Bo inte i ett mångkulturellt område (och om du gör det, håll dig inomhus efter mörkrets inbrott).

- Håll dig borda från mångkulturella platser – där möten mellan människor sker. För i dessa "möten mellan människor" finns det stor risk att möten som går ut på att "göra upp" oförätter äger rum.

- Undvik folksamlingar där ett visst klientel uppehåller sig och står i klungor. Gå omvägar kring dem så slipper du hamna mitt emellan om det smäller.

Behöver jag gå vidare? Det är ju uppenbart.

Problemet är att detta var enklare innan Madestam med flera fick igenom sin dröm om att inga "vita" kommuner ska finnas. Därtill rör ju också de skjutglada från "orten" på sig. I Nacka verkar det som att man helt sonika lurade sina tilltänkta offer till bostadsområdet, för att sedan öppna eld mot dem.

Det är ju klokt av gärningsmännen. Bättre att ses på "neutral" mark, dit ingen har koppling, om man nu ska mörda, än att göra det på gatan hemmavid. Det kommer vi få se mer av. Det kommer såklart smälla oftare i närheten av de platser där måltavlor/gärningsmän vistas och bor, men ingen plats kommer vara säker och trygg.

Folk kan ju fly Nacka... eller Malmö... eller varhelst deras bopålar för närvarande finns. Men om de fortsätter att vara tysta, fega och rösta på Sjuklövern också från sina nya tillflyktsorter så kommer det snart vara lika samma igen... och igen... och igen. Till sist kommer de inse att det är slut på platser att flytta till. Fast då kommer det inte spela någon roll för dem, för de är så gamla och grå – då är det deras barn och barnbarn som får bita i det sura äpplet.

Är verkligen dagens vuxna så fega, ansvarslösa och själviska att de på frågan om det är de själva eller deras barn som ska ta fajten svarar: "barnen och barnbarnen så klart?". Det verkar inte bättre. Det är djupt provocerande när vuxna, som satt sig själva, oss andra och sitt eget kött och blod i denna situation, gnyr och flyr... och har mage (mer ofta än sällan) att därtill klaga på de "oanständiga rasisterna" som ställer dem till svars.

Vi vet att de godhetsknarkande godhetsapostlarna sedan länge godhetssignalerat från sina ordnade förorter. Vi vet att de röstar på Sjuklövern för att sedan flytta om det blir lite dåligt där just de bor. Vi vet att de kommer fortsätta ha sina skygglappar på sig och att de, utan att blinka, överlämnar åt nästa generation att tvingas ta itu med allt då det inte längre går att flytta bort från eländet.

Låt oss ta vår hand ifrån dem, de får klara sig själva. Vi ödslar ingen tid på dem utan tar vårt ansvar och gör det vi kan för att här och där lägga grunden för en bättre framtid. Att göra det är också det bästa sättet för att slippa gå åt av en förlupen kula; det är det bästa sättet för att slippa de "möten mellan människor" som slutar med rån, våldtäkt eller misshandel. Kort sagt, att leva nationellt är den bästa preventiva åtgärden för var och en.

Varer, således, nationell!

DANIEL FRÄNDELÖV
9 september 2019

Ska vi stänga igen alla gångtunnlar i Göteborg?

Är det symptomen eller sjukdomen som bör behandlas? Svaret kan tyckas vara självklart. I Göteborg har man beslutat att stänga igen en gångtunnel, och planerar att stänga av än fler, sedan medborgare "upplevt otrygghet" i dem. Ett tydligt exempel på hur man behandlar symptomen istället för det som verkligen är orsaken till problemen. Precis som vid sjukdomsfall behöver man faktiskt inte välja, man kan göra både och.

Det är gott om problemområden i min gamla hemstad Göteborg. Namn som förut klingade vackert och hemtamt, och som fick mig att tänka på ljumna sommarkvällar på uteserveringar och mysiga hipster-café med hopplöst svår mat får mig nu mera att känna doften av krutrök och skräck.

Förorten har jag aldrig haft någon särdeles positiv syn av. Jag har bara gjort några snabba besök där och en gång tog det mig inte mer än fem minuter innan jag var rånad. Det blev till att hålla sig centralt i fortsättningen. Men nu har även dessa platser börjat bli förknippade med oro och fara. Backaplan. Wieselgrensplatsen. Brunnsparken. Alla knutpunker där spårvagnarna går dygnet runt, där det alltid är upplyst och där det alltid finns människor. Rånad blir man i en mörk park på vägen hem, eller på någon bakgata när man gått vilse. Det stämmer inte riktigt in att man numera kan bli rånad mer eller mindre var som helst, även på blanka dagen.

Men det är nya tider och jag, precis som alla vi andra, måste lära om och lära nytt. Göteborgs stad har en något ovanlig, men kanske inte helt dum, taktik för att få stopp på detta. Man har börjat fylla igen gångtunnlar för att ge de kriminella några färre platser att hitta sina offer på.

Gångtunnlar har alltid slagit mig som en utmärkt plats för kriminalitet. De är skyddade från insyn och lätta att blockera in- och utgångar på. Inte sällan har jag tänkt mig för både en och två gånger innan jag gått igenom en sådan en mörkt Göteborgs-natt. Men man är ju som man är och man ska inte låta sig skrämmas. Än har jag inte blivit utsatt för något brott och förhoppningsvis behöver jag aldrig mer befinna mig i en grå betongtunnel i Göteborg efter mörkrets inbrott. Den tiden är över. Både för mig personligen men kanske för allmänheten i stort.

Göteborgs stad försöker som sagt hjälpa till med detta. En tunnel är redan avstängd, en som gick under den vältrafikerade Hjalmar Brantingsgatan. Den låg mellan stadsdelarna Kvillebäcken och Rambergsstaden. Stadsdelar dit man utan att fundera gärna åkte förr i tiden, men nu helst undviker.

Det är mycket man ska undvika nu för tiden. Helst bör man kanske sitta hemma bakom sin låsta dörr för garanterad trygghet, men det innebär ju en del praktiska svårigheter. Därför tycker jag att beslutet att fylla igen tunneln är korrekt, och hoppas man fortsätter. Och ja, det är att behandla symptomen istället för sjukdomen.

Ett betydligt bättre alternativ hade givetvis varit att ha fler patrullerande poliser i området, kanske till och med i själva tunnlarna. Det verkar dock inte vara ett alternativ då polisen har fullt upp med både gängskjutningar och hatbrottsutredningar. Därför behöver man laga efter läge. Styra undan människor från farliga områden. Förhindra att de fysisk kan gå genom exempelvis farliga gångtunnlar.

Det ställer givetvis till det en hel del. Gångtunnlar byggs av en anledning. Fotgängare och cyklister ska inte hindra trafiken. Det kommer de nu att göra, med mer köer, sänkta hastigheter och trafikproppar som följd. Göteborg som redan är ökänt för sin hopplösa trafikplanering lär inte bli mindre svårkört efter detta.

Men står det mellan trafikköer och personrån bör man ändå välja det första, ett tag. För i långa loppet kan vi inte bygga oss från kriminalitet. Det spelar ingen roll om vi sätter igen varenda tunnel, rycker upp varenda buske och ödelägger varje park.

Rånarna och våldtäksmännen är allt för många och kommer alltid hitta ett sätt att komma åt sina offer. Med det sagt finns det ingen anledning att underlätta för dem.

Symptomen måste dämpas under tiden vi gör oss av med sjukdomen.

MAGNUS SÖDERMAN
10 september 2019

Sverigedemokraterna i Sölvesborg utmanar centralmakten

Ett grundfundament i Sverige är det kommunala självstyret. Idén är enkel: kommunen (invånarna) vet vad som är bäst för området eftersom de bor mitt i det. Staten ska hålla sig borta så långt det är möjligt. Det är en god idé, men som man alltmer ruckat på allt eftersom.

En gång i tiden fanns det många fler kommuner i Sverige. Inte nog med det. Kommunerna tog också ansvar för polisen, förutom allt annat. Därför har de också beskattningsrätt. Tanken är formulerad som så att kommunen skall sköta "inre gemensamma angelägenheter" och medelst lokalt förankrad demokrati stärker det också nationen som sådan. Staten har dock, sakta men säkert, flyttat makten längre bort och sett till så att polisen (våldsmonopolet) knutits närmare Stockholm. Och så länge allt fungerar så säger ingen något. Lite som med kon, som man inte saknar, förrän den är borta.

Lagom innan den så kallade flyktingkrisen slog till började flera kräva att kommunerna skulle tvingas ta emot "flyktingar". Statsvetaren Jenny Madestam var en av de drivande och hon tyckte att det var värt att man kastrerade det kommunala självstyret för att se till så att det inte skulle finnas kvar någon "vit" kommun i Sverige. Det skrev hon 2014. 2016 stiftades den nya bosättningslagen som gav Migrationsverket rätt att fritt fördela "flyktingar" till kommunerna, vare sig de ville eller ansåg sig kunna ta emot dem.

Centralmakten usurperade makten och slog ännu en spik i det över 100 år gamla kommunala självstyret i Sverige. Konsekvenserna blev förödande, vilket Filipstad, Bengtsfors med flera kommuner vittnar om idag. Som över en natt förvandlades Sverige då statens öppna gränser ledde till att man pressade ut människor till varje avkrok i vårt avlånga land. Förvisso har det kommunala självstyret urlakats under lång tid och med EU försvann mycket makt lokalt bland annat gällande upphandlingar där lokala producenter skulle tävla mot låglöneländer i Europas avlägsna hörn.

Tidigare i Europas historia har sådant lett till folkresningar och revolutioner, men inte i Sverige 2016. Antagligen på grund av att folk i gemen inte förstår – på djupet – hur ofria de blir när de ger bort mer och mer makt.

Skall vi se på det utan skygglappar så vore det läge för secession – eller i alla fall en öppen debatt om denna möjlighet. Om inte annat för att låta centralmakten förstå att det finns ett mått som kan bli rågat. Ett problem är dock att partierna på kommunal nivå är sammanväxta med rikspolitiken. Vi har inte specifika kommunpartier som ser efter sina egna invånare utan det är sossar, moderater och så vidare. Att dessa pampar skulle utmana sina egna partier centralt ska nog ingen räkna med, i alla fall inte att det sker i brådrasket.

På sikt – och om de lokala politikerna inser att de har att välja mellan lojalitet med centralmakten eller med sina grannar – så kanske det blir annat ljud i skällan. Av bland annat det skälet är det vår uppgift, som en nationell opposition, att hela tiden hålla en eventuell utbrytning från AB Sverige som en faktiskt lösning ... eller i vart fall en början på en lösning.

Det har börjat röra på sig lite i en del kommuner, även om vi är långt borta från en regelrätt utbrytning. Men hur lång en resa än må vara, så börjar den med ett steg. Därför är det mycket positivt att Sölvesborgs kommun sätter sig på tvären mot regeringen och säger att man vill verka för att – i strid mot bosättningslagen – stoppa mottagandet av "nyanlända flyktingar" som Migrationsverket vill dumpa i deras knä.

Det är SD, M, KD och det lokala Sol-partiet som avser att driva frågan mot staten. SDs kommunalråd, Louise Erixon säger så här om tilltaget till Ekot:

– Vi vill se hur den står sig mot det grundlagsskyddade kommunala självstyret, jag tycker inte att det är rimligt att staten prackar på kommuner nyanlända utan att överväga förutsättningar och fråga vad kommunerna vill.

Det är nog ingen som tror att just detta kommer leda till något mer än att ärenden inte tas upp, eller att det konstateras att kommunen ska hålla tyst och göra som de blivit tillsagda. Låt så vara. Det är inte till en "vinst" vi sätter vårt hopp utan snarare handlar det om att sakta men säkert flytta fram positionerna och göra det "otänkbara" möjligt. Ju mer kommunerna sätter sig på tvären och ryter ifrån, desto bättre är det.

Och visst, om vi ska fantisera, kan vi önska att Sölvesborg blir vårt eget Berlin 1989, då centralmakten i DDR tappade fattningen och det slutade med att allt föll samman under fötterna på dem. Minns ni vad som hände? Svegots Jalle Horn förklarade det sålunda till mig:

"När människor, efter en lite oklar presskonferens från partiet om eventuella möjligheter att röra sig över gränsen, satte tryck på gränsvakterna den 9 november och sa att de minsann har rätt att gå över gränsen p.g.a. oklar förordning och vakten ringer till högre ort några gånger och får oklara direktiv tillbaka, då återstod bara för vakterna att säga: låt dem passera. Order var nämligen inte tydliga när folk satte lite press. Tanken var bara att låta några få sticka och sedan tillsluta gränsen ordentligt, men det sa bara pang och så vällde tusentals över gränsen åt båda håll – och så fanns inte DDR mer. Pga lite otydliga order och oförmåga att leva upp till luftslottets ambitioner."

Tänk, bara tänk, om Louise Erixon uppfylls av Kristina Gyllenstiernas ande och helt sonika säger nej till centralmakten. Löfven hotar då kommunen med det ena eller det andra, och svaret från Sölvesborg är fortsatt nej, men tillägget: "skicka militären då för vi sätter den kommunala självständighetsprincipen högre". Vad skulle hända sedan?

En sak som skulle hända är att många svenskar av det rätta virket snabbt se över möjligheterna att flytta till Sölvesborg. Men som sagt, det är fria fantasier och inget annat. Men låt oss nära fantasin i alla fall. För vem vet, en vacker dag kanske någon kommun får nog, på riktigt. Underligare saker har hänt under historien.

JALLE HORN
10 september 2019

Folkloristisk flumfestival – något för högerfolk?

Festivalen Folklorum är en tysk festival med folkloristiskt anslag och mycket folkmusik. Här kan man sova i träkojor en bit upp i luften, se på barnteater, lyssna på band och mycket annat. Festivalen lämpar sig utmärkt för nationalister och traditionalister.

Första helgen i september varje år går festivalen Folklorum av stapeln i sydöstra Tyskland, några kilometer från staden Görlitz i Sachsen. Festivalområdet ligger precis på gränsen till Polen, längs floden Neisse, och sedan några år tillbaka ligger en liten del av festivalområdet på den polska sidan.

Festivalen, som har funnits sedan 1994, kallas också "Die turisedische Festspiele" eller "Die geheime Welt von Turisede". Turider, turiseder eller hur man ska översätta det är festivalens påhittade slaviska folk, som plötsligt påstås ha försvunnit för ca tusen år sedan. Folket har dock lämnat efter sig diverse spår på platsen, främst en mängd byggnader och skulpturer av gudar och andra andliga varelser, allt i välsnidat trä. Därav namnet Folklorum, får man anta.

Från mellersta Brandenburg ner sydost mot sydöstra Tyskland bor sedan 1000-1500 år sedan det slaviska folket sorberna. Tidigare var de slaviska folken i trakten kända som vender. De svenska kungarna kallar sig sedan Gustav Vasas tid för göters, svears … och venders konung, men den deltiteln tog nog bara kungen för att jävlas med dansken, som kallade sig det eftersom danskarna ibland åkte till norra Tyskand/Polen för att tukta vender, ibland framgångsrikt, ibland flyende med svansen mellan benen. Ty venderna var nog så hårda. Några turider att tukta hittade danskarna däremot knappast.

Nere i Lausitz, huvudhemvisten för sorberna och där turidfestivalen håller hus, kan folk nu för tiden förlusta sig i en friluftspark som den där septemberhelgen tillhandahåller diverse aktiviteter. Just träkonstruktionerna är lite av parkens signum. Nästan allt på platsen är gjort av trä. Man kan t.o.m. hyra träkojor en bit upp i träden inne på festivalområdet som övernattningsbostad. Inte helt dumt kanske, så man slipper tälta. Slaver, balter och germaner hade f.ö. ett mycket starkt förhållande till träd.

Man kan förstås åka dit bara över en dag, men bättre är kanske att bo i tält, husbil eller i träkronorna under en helg. Festivalen lämpar sig väl för barn med labyrinter, "dödsrutchkana", uppträdande gycklare, teaterföreställningar, olika klättermöjligheter o.d. Vissa år har de även skattjakt eller andra större aktiviteter. Många åker således dit med hela familjen för en helg.

Som på alla festivaler är annars huvudattraktionerna banden. Dels finns det ett par fria scener, där icke engagerade musiker kan uppträda, dels finns det flera scener för professionella band. De flesta band har folkloristisk eller traditionellt folklig anknytning: keltisk, balkansk m.m. musik. World music är väl det allmänna namnet i ett internationellt perspektiv. När andan faller på publiken trår de dansen, antingen i form av lite flummig "hare krishna-dans" (i brist på bättre ord) eller folkdans som polka etc. Stämningen kan bli rätt hög. Det finns t.o.m. turidiskt disko inne i ett hus. De flesta scener är annars utomhus.

Ungdomar och vuxna kan dansa, dricka öl och ha sköj fram till kl. fem på morgonen innan de ragglar till tälten eller klättrar upp i träkojorna. Mat finns det förstås också att köpa. Och kommersen kommer man givetvis inte undan, sådant där krimskrams som man alltid hittar på julmarknader, medeltidsmarknader m.m. Om det är kallt kan man värma sig i stora kittlar som fungerar som badtunnor. De värms upp av festivalens personal.

Det finns också tillfällen för folkdans, både att titta på och att vara delaktig i. Det här året fanns det en chilensk grupp som hjälpte folk, däribland undertecknad, att dansa ett par chilenska folkdanser. När det gäller banden fanns det några riktigt bra band som spelade balkansk, keltisk och latinsk musik.

Den stora frågan är bara: när banden spelar och folk hamnar i stämning för att ta sig en svängom, varför tar många av sig skorna och dansar barfota? Till saken hör att det många gånger har varit dåligt väder på festivalen (förstås). Den här helgen var det mellan 15 och 20 grader med lite småregn – trots att det bara några dagar tidigare var över trettio grader. Likväl ska skorna av för de inbitna.

Kanske vill de komma närmare naturen eller någon ursprunglig känsla, vilket de tror hör till traditionell musik. Och kanske något halvsocialistiskt fattigmansideal! Många utstrålade vänsters syndrom. Och ganska många personer verkade vara typiska festivalare, som går på framför allt medeltidsfestivaler och i viss mån rockfestivaler. Kläderna och männens "vikingaskägg" skvallrade till viss del om det.

Och så kunde man notera de där sparade festivalbanden runt människors handleder. Just den typen envisades med dans utan skor.

Barfotadansen kan dock te sig lite löjlig och anakronistisk när man betänker t.ex. medeltida förhållanden. Varför skulle en viking i Gamla Uppsala ta av sig skorna när han skulle tråda dansen? Och under medeltiden var skor något mycket fint, som man till varje pris ville visa upp. Knappast någon skulle dansa barfota om de hade hyggliga skor.

Ännu en sak undrar man över: är de där inbitna festivalarna medvetna om att de här och på liknande medeltidsfestivaler håller på med mycket traditionalistiska saker? Man får intrycket att många av de mer typiska festivalbesökarna, de som återkommer år efter år, är typiska vänsternissar. På någras kläder kunde man se revolutionsklyschor eller anarkistsymboler, och många utstrålade typisk hippieanda. Men all sådan vänsterrevolutionär romantik är egentligen helt främmande för den sortens folklig dans och folklore som fanns på festivalen. Ändå är det "hippies" som så att säga "äger" festivalen.

Dessutom undrar man om de någon gång har tänkt på att det "turidiska" samhället med all säkerhet var ett mycket hårt samhälle, där deras hippieattityd inte hade någon helst plats. När man betänker den traditionalistiska dimensionen på en sådan festival, tycker man att det kanske vore på sin plats med fler personer som är klart högertraditionella. Hur mycket flummig stämning som än finns på Folklorum och liknande festivaler så passar de utmärkt för högerfolk.

I grund och botten är nämligen Folklorumfestivalen en mycket nationalistisk eller åtminstone europeiskt identitär tillställning. Publiken var till 99,9 procent vit. Där fanns en handfull negrer eller indier, en och annan gulhyad och möjligtvis en eller två araber – ja, bortsett från de sex-sju trumslagarnegrerna som utgjorde ett band som körde afrikansk polyrytmisk musik (som var nog så bra i lagom dos).

Så varför inte boka in nästa semester i sydöstra Tyskland: Spreewald, Dresden, Sächsische Schweiz, Zittauer Berge (t.ex. Oybin) – och så Folklorumfestivalen förstås!

DANIEL FRÄNDELÖV
10 september 2019

Det är dags att starta krig mot din telefon

Ofta känner jag att den stirrar på mig. Ber om min uppmärksamhet, som en liten valp. Men istället för stora söta ögon är det en livlös LED som blinkar. Effekten är densamma. Svårt att koncentrera sig innan man gett den uppmärksamheten den kräver. Svårt att tänka på annat. Svårt att fokusera.

Mobiltelefonen stjäl min uppmärksamhet, min koncentration och min tid. Det började som alla beroenden som något frivilligt men har nu blivit allt mer tvångsmässigt. Hur ska vi ta oss ur detta slaveri?

Mobilen är dålig. Mobilen är bra. De smarta telefonerna har gjort oss till slavar framför skärmen och mest av allt är det våra barn som skadas av detta, men den är även en fantastisk teknisk innovation som kan lära oss massor.

Det är knappast ett originellt uttalande utan något vi alla mer eller mindre känner till. Exakt hur mycket mobiltelefonerna skadar oss vet ingen. Vissa hävdar att strålningen ger cancer, andra att det är dumheter. Själv har jag, trots flera försök, inte lyckats sätta mig in tillräckligt i fysiken kring mobiltelefoners strålning för att komma fram till något. Jag utgår ifrån att det är relativt ofarligt. Det vore olämpligt av mobiltelefonbranschen att döda sina egna kunder, tänker jag. Å andra sidan är det precis det tobaksindustrin gör. Pengar är viktigare än liv.

Det finns dock en hel del forskningsresultat som tyder på andra effekter än just cancer. Inte dödliga men ack så allvarliga.

Man har sett fysiska förändringar i hjärnan hos unga som använder sin mobiltelefon ofta. Det verkar som att hjärnan anpassar sig och gör sitt bästa för att bli så "bra" på mobiletelefonen som möjligt. Nervbanor dras om, belöningssystem justeras. Hjärnan är fantastiskt anpassningsbar på gott och ont.

Det är inte bara ungas hjärnor som förändras. Även din och min har börjat fungera annorlunda sedan vi gjorde det till en vana att lägga allt för mycket uppmärksamhet på den lilla skärmen vi har i fickan.

2600 gånger per dag. Så ofta vidrörde deltagarna i en amerikansk undersökning sin telefon. Det låter absurt, och så fort jag läste det installerade jag genast en app för att kontrollera hur mycket jag själv egentligen pillar på den. Ironin är tydlig och behöver inte påpekas.

Farorna och nackdelarna med mobiltelefoner är så oerhört många att det kan bli svårt att se dem. Telefonen är med oss överallt, hela tiden. I sängen, bakom ratten, när våra barn är på lekplatsen, vid släktmiddagen, på begravningar. Den är fullständigt integrerad i våra liv och ingenstans finns en fredad zon.

En av alla saker som mobiltelefonen stjäl ifrån oss är tid. Denna dyrbara vara. I en tid då människor är mer stressade än någonsin kan det tyckas något underligt att man slösar bort oräkneliga timmar på dumheter som sociala medier. Men kanske, och detta är min förhoppning, har vi nu genomgått smekmånaden. Äntligen börjar vi se detta missbruk för vad det är och kan göra något åt det.

De som är tonåringar idag har mer eller mindre vuxit upp med både smarta telefoner och sociala medier, och de säger själva att det är för mycket. Statens medieråd har undersökt saken och kommit fram till att hälften i åldersintervallet 9-18 ser att deras internetanvändning äter upp tid som borde gå till annat som läxor, sysslor eller helt enkelt att vara utomhus. Siffran är betydligt högre hos äldre ungdomar. 73 procent säger detsamma i åldern 17-18.

Själv är man givetvis inte bättre. Ibland tänker jag på allt som inte blivit gjort när man istället glott på kattfilmer. Och då räknar jag mig ändå som en relativt moderat telefonanvändare. Jag har sett människor i min närhet som är slavar i ordets faktiska bemärkelse.

När telefonen plingar till avbryts allt. Viktiga samtal och möten. Allt är sekundärt. Mobiltelefonen är den oinskränkte härskaren över våra sinnen.

De som har sin telefon närvarande vid en middag med sina vänner kommer uppfatta middagen som mindre trevlig än de som inte får ha någon. Detta har undersöks. Samtal med främlingar uppfattas som mindre intressanta. Detta har undersökts. Småprat i busskön är som bortblåst, med alla de fördelar detta innebär. Och tråkigt har vi aldrig längre. Tråkigt, sådär som man hade när jag var liten. Då var man tvungen att aktivera hjärnan och hitta på något att göra. Har dagens barn någonsin tråkigt? Har vuxna det? Och hur ofta prioriterar man slösurfande på mobilen framför viktigare saker? Särskilt med tanke på att mer eller mindre allt faktiskt är viktigare.

Vi står vid ett vägskäl. Att telefoner och surfplattor inte är speciellt bra för oss är det få som säger emot. Tvärtom så är vi nog alla väldigt medvetna om problemet. Men eftersom vi alla är medberoende är det svårt att göra något åt det. Det går inte att skälla på någon som kollar Instagram under en måltid om man gör det själv. Det går inte att hävda att det är dålig stil att svara i telefonen när man sitter med vänner om man vet att man inte är bättre själv. Vi hjälper alla varandra att fortsätta vara beroende på grund av skräcken att själva behöva släppa vår elektroniska bästa vän.

Därför måste man vara bättre själv. Först då kan man kritisera andra. Jag vet inte hur många gånger jag har lovat mig själv och andra bot och bättring. Nu gör jag det igen.

Aldrig mer ska jag avbryta det jag gör för att telefonen plingar. Aldrig mer ska jag acceptera att någon annan tittar i sin telefon under tiden jag pratar med dem. Aldrig mer ska jag sitta vid en middag och stirra in i skärmen. Aldrig mer ska jag låta någon annan göra det utan att kommentera det.

Det är dags att starta krig mot din och andras telefon. Kriget har faktiskt redan börjat och telefonerna vinner överlägset. De kontrollerar dig. Det är dags att sluta vifta bort det och komma med ursäkter. Det är dags att återta kontrollen över ditt liv, din tid och din koncentration.

Men först måste vi förstå och acceptera att vi är beroende. Vi är kemiskt beroende. De (ytterst) små dopaminkickarna vi får varje gång vi låser upp skärmen är något vi vant oss vid och det är ångestframkallande att vara utan dem. Men jag lovar att det är värt det. För bortom skärmen finns något helt annat, något helt underbart. Där finns det verkliga människor som väntar på att ha riktiga samtal med dig. Om de inte har näsan och uppmärksamheten riktad mot en liten, liten skärm vill säga.

Jag är redo att erkänna mig beroende. Jag är redo att göra något åt det. Är du?

EVA-MARIE OLSSON
11 september 2019

Berättelsen om socialdemokraten som förbereder sin flykt

Det var en gång en socialdemokrat, han stod med båda fötterna stadigt i sin hemstad, han var som gjuten i betong. I generation efter generation tillbaka hade hans närmsta befunnit sig ungefär precis där han var. Han var en allt igenom rekorderlig man, en för tiden vanlig man.

Under många år och parallellt med politiken var det fackföreningsuppdrag som sysselsatte honom, kurser, internutbildningar, förhandlingar, konferenser och möten var vardag och helg. Detta var en man som metodiskt och idogt följsamt följde partiet.

Han bodde och verkade i rikets tredje största stad, eller som dåtidens partiordförande till socialdemokraten pinsamt råkade felsäga "Tredje rikets största stad" när hon 2007 intervjuades för TV4. Hur som, hans parti var stort, det var störst i många år och allt rullade på så bra så bra, det skulle ju alltid vara så. Hugget i sten.

När vi gled in i nya tider och det allt oftare sprängdes och small i staden och det dödliga våldet slog till, då var det dags för fackelmanifestation. Med initiativ från pamparna i staden träffades vi stadsbor om kvällen och lördagar på gator och torg, tände ljus, klippte hjärtan, sjöng, och var överens om att NU ska det aldrig mer hända, men det gjorde det ju alltid, det small, igen.

Stadens mer lugnare folk blev mer och mer nedstämda och uppgivna, ingenting hjälpte, och det var ju det, de styrande socialdemokraterna tycktes sitta tryggt och tillbakalutade för nu var det som det var.

Betongsossarna och vänstersocialdemokraterna sa varje gång att det skulle bli bättre, varje gång det frekventa våldsamma brakade loss i staden. Men inget sådant hände, det blev ju inte bättre, utan tvärt om sämre. Några av de modigare bland folket började att ta bladet från munnen och menade att socialdemokraterna istället för att värna sitt eget folk, mer såg till och prioriterade vildingarna som fått den partipolitiska självklara tillåtelsen att flytta in.

Ibland försökte jag att sätta mig in i hur denna "född socialdemokrat" menade med att nästan allt var bra fast vi alla borde kunna enas om att så inte var fallet, jag ställde frågor till honom lite då och då och jag såg att han varje gång blev mer eller mindre obekväm med frågorna, han förklarade för mig att allt som handlade om invandrarvåld och kommunal budget var svenskarnas fel. Det kunde jag inte alls förstå.

Enligt honom fick inte invandrare jobb för att dom hette typ Mohammed, invandrare fick ej heller bostäder, exemplet var hans egen svägerska med polskklingande namn som inte fick lägenhet fast hon hade lägenhet och sedermera flyttade till en annan. Fastän varken han eller jag någonsin sett "fenomenet" utlänningar driva runt i staden bostadslösa, höll han stenhårt fast vid sin skruvade tes om att "invandrare får inga lägenheter".

Något var fel, det var något som inte stämde, 2+2 blir inte 5. Jag hade ofta framför mig landsmän som SSU/ betongsosseriaktigt tolkade in icke existerande skeenden, samtidigt som de staplade floskler på floskler i en aldrig sinande ström. Ve den som yppade önskan om att få tillbaka och ta tillbaka staden, allt som det minsta andades nationellt med en önskan om folkets överlevnad klassades som ondskan självt. Ordet svensk med sin sanna innebörd transformerades till något fult, samtidigt som alla enligt socialdemokraten i staden var svenskar. Logik lika med noll.

Tillsammans med sina politiker-kamrater styrde vår vän socialdemokraten staden allt närmare stupets rand, han var och är en kugge i det politiska maskineriet som för alltid ändrat om vårt land till en otrygg plats för våra framtida generationer. Vi som visade vår oenighet med socialdemokratens strävan och var förbannade på det politiska etablissemangets folkförräderi bannbullades, vi blev paria och fredlösa.

Så småningom hände det som var väntat, våldet och kaoset kom tätt inpå vår sosseman och beslutsfattare, hans egen mor blev attackerad av invandrarungdomar, frun blev arg medan socialdemokraten slätade över. Den hårda verkligheten kom närmre och närmre, för varje dag hälsade nya våldsamma tider på oftare och oftare. Betongsossens egen närmiljö var drabbad.

Hur gick det då sen.

Alla, precis alla har sin gräns om vad man mäktar med, men hur gör en person som varit med om att ta beslut som gör oss ont? Det är nu vi ska vara observanta, finns det något som helst ansvarstagande eller flyr man och räddar sitt eget skinn.

Man räddar sitt eget skinn, såklart. Tro aldrig att de som fördärvat kommer att ställa tillrätta och bygga upp, glöm det!

Enligt säker källa vill sossens barn och frun (S) dra och flytta utomlands, flytta till där det är mer homogent och lugnare. Faktiskt finns det långt framåtskridande planer på att överge Sverige för Polen. Höjden av fräckhet kan man tycka, men så himla väntat.

DANIEL FRÄNDELÖV
11 september 2019

Inte så konstigt att "JCBUZ" uppmanar till att skjuta vita

Tidningen Samhällsnytt avslöjar idag att en svart Youtubeprofil boende i Lund har ett låst Instagramkonto där bara svarta släpps in. På kontot förklarar han att svarta ska ta över Sverige och att vita som "snackar skit" ska skjutas. Det är oroande och det är obehagligt men tyvärr en logisk följd av ett mångkulturellt samhälle och den propaganda som bedrivs via medier.

Det är nyttigt att försöka sätta sig in i hur andra människor tänker. Att se världen med deras ögon. Att gå några mil i deras skor helt enkelt.

Den sortens inlevelse och empati är troligen inte det första man som svensk känner när man ser vad rapparen "JCBUZ" har att säga. De svarta ska nämligen ta över Sverige. De ska ta våra pengar och våra "bitches" och göra oss till slavar i vårt eget land. Och vi vita ska behandlas betydligt värre än vi behandlade de svarta vi hade som slavar.

Ja, Jesse Ekene Nweke Conable, som rapparen egentligen heter, verkar inte vara nöjd med sitt mottagande i Europa. Han lämnade sitt hemland Nigeria 2008 och är numera svensk medborgare. En svensk medborgare som hatar sina värdar och vill sätta dem i kedjor.

"Inte okej", som man säger nu för tiden.

Det är väl bäst att poängtera att jag på intet sätt försöker urskulda eller ursäkta det som sägs i videon och i kommentarsfälten. Det är den värsta sortens rasism och det är direkta uppmaningar till våld. Det är oförlåtligt om än tyvärr inte ovanligt.

Givetvis blir man förbannad när man ser det. Förbannad och ganska oroad för till skillnad från det näthat som gammelmedia konstant gapar om är detta ett hat som kan få ytterst allvarliga konsekvenser. Eller låt mig omformulera. Detta är en sorts hat som redan fått allvarliga konsekvenser. Självklart tycker jag att han ska deporteras per omgående och så vidare. Självklart kan vi inte ha uttalade fiender till vårt eget folk här.

Men låt oss prova på att sätta på oss hans säkert väldigt dyra hiphop-skor. Vad är det som får denne unge afrikan att så våldsamt hata det folk som gett honom trygghet och välfärd i överflöd utan att begära något tillbaka?

"Så, då står vi här i Jesses skor. I ett land befolkat av vita. Landet kallas Sverige. Byggt av våra svarta bröder som tvingades hit i kedjor. De vita svenskarna njuter av deras hårda arbete och de svarta lever fortfarande mer eller mindre som slavar. De får sämre jobb, de får sämre utbildning. Allt är grundat i rasismen som fortfarande håller sitt grepp kring hela landet. Svarta får inte de chanser de förtjänar. Afrika ligger i ruiner så man tvingas att fly därifrån. Även det är de vitas fel. Kolonialismen slog sönder de svartas hemländer. De vita stal naturresurser för att berika sig själva och lämnade hela Afrika utarmat.

"Jävla svenskar, helt enkelt. Jävla Europeér och jävla vita. De svarta är bättre. Intelligentare. Arbetar hårdare. Ändå får de mindre betalt, är oftare arbetslösa och har det i allmänhet sämre. Det kan bara skyllas på rasismen. Därför är det dags att slå tillbaka. Svarta måste enas och ta ifrån dem deras land och sätta dem i kedjor som hämnd för allt de gjort mot oss.

"Ta deras kvinnor! Ta deras pengar! Om de är respektlösa mot dig förtjänar de att skjutas!"

Denna världsbild är ju fel på så många sätt. Sveriges inblandning i slavhandeln från Afrika var minimal. Vi har byggt vårt eget land. Svensken är enligt undersökning efter undersökning (tyvärr) bland de minst främlingsfientliga folket i hela världen. Det har lagts enorma resurser på att utbilda och anställa svarta, bruna och gula människor. Det har till stor del varit helt bortkastade pengar, men det är knappast svenskens fel.

Med det sagt är det inte så konstigt att vi utsätts för detta hat från JCBUZ och hans likar. Vi bjuder nämligen in till det. Vita älskar att ta på sig skulden. Vita älskar att prygla sig själva och påpeka hur dåliga vi är. För de tankar som florerar hos JCBUZ och hans följare finns även hos många vita över hela västvärlden. Det är vårt fel att Afrika ser ut som det gör. Det är vårt fel att svarta inte kommer in i samhället, är arbetslösa och kriminella. Men kanske ännu viktigare – det är inte deras eget fel.

Den som erkänner sig egen skuld, erkänner att man gjort fel, brukar ha lättare att bli förlåten. Men så är det inte i detta fallet. Istället har i sett hur de vitas självspäkning bara leder till allt mer högljudda krav på mer. Mer pengar, mer specialbehandling, mer resurser och nu mer vitt blod. Vi ska betala och vi ska vara tysta och gör vi inte det så ska vi passa oss.

Och vi betalar. Och de flesta av oss är tysta. Men det hjälper inte. JCBUZ är knappast unik utan den anti-vita rasismen frodas och blir våldsammare för var dag. Det är inte bara i länder som Sydafrika och USA svarta attackerar vita på grund av deras hudfärg. Det sker även här i Sverige, med media lägger givetvis locket på.

Tyvärr kommer detta, som så mycket annat, att bli allt vanligare. Och det är en fullständigt naturlig konsekvens när folkgrupper med helt olika kultur och lynne tvingas leva tillsammans och dela på begränsade resurser. Även om den ena gruppen nu så välvilligt är beredda att dela med sig allt för frikostligt så hjälper inte det i längden. Mycket vill ha mer och den som upplever sig förtryckt kommer fortsätta att kräva mer så länge det gagnar personen.

Därför tjänar det nog inte mycket till att bekämpa hatet mot vita via utbildning om hur saker och ting egentligen ligger till. Det finns nog inte många som är beredda att lyssna varken bland svarta eller vita. Spelplanen är redan satt och historien färdigskriven. De vita är de eviga förövarna och de svarta de eviga offer.

Det har till viss del varit sant i historien. Det kanske till och med är sant fortfarande på vissa platser. Men här i Sverige är det precis tvärtom. Det är vita som dagligen blir offer för en allt mer våldsam anti-vit rasism.

Och vi har faktiskt bara oss själva att skylla.

MAGNUS SÖDERMAN
11 september 2019

Politikerförakt tvingar partierna att leva på bidrag

Över tid har riksdagspartierna blivit alltmer beroende av det statliga partistödet. Allt mindre kommer från medlemsavgifter, allt mer från skattebetalarna. Detta är problematiskt på flera sätt, samtidigt som det är ett positivt tecken i tiden.

Det är genom statskassan som 60 procent av alla riksdagspartier finansieras. Somliga partier får mer stöd än andra. SD, KD och V finansieras till 80 procent av bidrag. C däremot, bara 22 procent, enligt en sammanställning som SVT har gjort. Att så är fallet är inte underligt. Partiernas medlemsantal är nämligen långt ifrån där de kan "leva" på medlemspengar och hade vi inte haft partistödet så hade vi inte haft några partier, i alla fall inte som idag.

Innan partistödet infördes (i sin nuvarande form under 1960-talet) fick man ordna ekonomin på annat sätt. Donationer eller lotteri, bland annat. Över tid har antalet personer som valt att bli medlemmar i något av de politiska partierna gått ner kraftigt.

1979 var 1 582 000 svenskar medlemmar i något av partierna, idag är motsvarande siffra 255 883 (och då har både MP och SD tillkommit under vägen). Medlemsutvecklingen för partierna ser lite olika ut, men den stora vinnaren de senaste åren är utan tvekan Sverigedemokraterna.

Roten till problemet är dock att svenskar i gemen inte är såpass intresserade av partipolitik att de vill vara medlemmar. Delvis är de nog heller inte så fasta i sin ideologi. Under åren har vi kunnat se hur partierna alltmer går mot "mitten" (även om senare år dragit upp en ny "stridslinje" gällande migration etc.). Detta borde ju vara en varningsklocka för alla som värnar om demokratin. Förvisso röstar svenskar i stora antal, men särskilt politiskt intresserade är de inte.

För en sann demokrativän är detta tråkigt. Vi vill ju att politik ska vara levande i samhället och att folk engagerar sig. Här skiljer vi oss från riksdagspartierna eftersom de gärna ser att folk inte engagerar sig, annat än på valdagen. Ekonomin går ju ihop, eftersom man gemensamt beslutat att leva på bidrag. Att göra politiken intressant på partinivå fyller därmed ingen större funktion, det är ju lättare att driva sin politik (sådär halvhjärtat), få lite röster på valdagen och överleva på bidrag från statskassan. Tänk hur det skulle se ut om partierna var mer beroende av medlemmar, att de faktiskt var tvungna att ägna sig åt ideologi och väcka engagemang.

När 80 procent av partiernas ekonomi bygger på bidrag så är det ett verkligt demokratiproblem, för den som bryr sig vill säga.

Historien har lärt oss att politiker som har tillgång till "andras pengar" gärna spenderar dem utan eftertanke. Och ju mindre krav de har på sig, desto friare tyglar känner de att de har. Alltså finns det inget incitament för att göra politiken livskraftig eller intressant. Snarare tvärt om. Det går ju ändå, bevisligen. Att detta diskvalificerar de ansvariga från hela processen säger sig självt. Men detta präglar hela samhället eftersom vi har en socialistisk modell. Och visst är det fint att man inte behöver betala tusentals kronor för att grabben ska träna karate på klubb, men alla de miljoner som pumpas in i vettlösa kulturprojekt eller hbtq-tokerier då? Vi är så vana vid att staten fördelar att vi slutat tänka själva.

I föreningen Det fria Sverige tänkte vi rakt motsatt: vi bemödar oss inte att söka bidrag eftersom vi inte vill hamna i den sitsen. Kort sagt måste vårt arbete vara såpass bra, intressant och uppskattat att vi kan klara oss på det egna insatta arbetet – och det gör vi. Det ger frihet att arbeta utan oro för morgondagen och det gör att vi inte lever över våra tillgångar. Visst är vi ständiga underdogs, men låt så vara. Vi får nämligen de små resurserna att räcka länge och vi behåller den livsviktiga idealismen levande.

Visst finns det idealism också hos riksdagspartierna. S har 89 000 medlemmar och många av dem är beredda att ställa upp för Löfven. Och när vi kommer till Föreningssverige är ju idealismen levande. Men det säger mer om oss svenskar än om systemet eller politikerna. För utan statsbidraget till V eller SD så hade de inte varit där de är, det kan vi vara säkra på.

Ett annat problem med bidragen är att du och jag måste vara med och betala för politik vi avskyr. Våra skattepengar går till Vänsterpartiet och Miljöpartiet. Det är faktiskt gräsligt. Det är en sak att vi genom det "allmänna" betalar för någon överviktigs nya knän eller liknande, det kan vi någonstans köpa – men att tvingas finansiera partier som står emot allt man tror på, det är groteskt.

Men det finns ju också något gott i det hela. Hade vi inte haft partistöd så skulle vi riskera att inhemska eller utländska intressen helt sonika köpte sig ett parti (tänk hattar och mössor) som sedan förde deras talan i Sverige. Delvis är det så i alla fall, men det hade kunnat vara värre. När det är statskassan som täcker upp och stora donationer inte får vara hemliga så slipper vi kanske Soros blodspengar i alla fall.

Inget ska vara lätt, det kan vi vara överens om.

Däremot kan vi konstatera att medan politikerna inte lyckas överleva utan bidrag så är oppositionen fortsatt livskraftig och på frammarsch. Det fria Sverige är ett exempel på det; Svegot är ett annat … och det finns fler. Medan gammelmedia och gammelpartierna stapplar fram, räddade av skatten, så kliver vi med raska ben, upplyfta av idealismen hos den växande skaran av svenska nationalister.

Det, om något, är ett vitt piller att sluka.

JALLE HORN
12 september 2019

Stöder Stefan Löfven gängkriminaliteten?

Riksdagen öppnade igår. Regeringen har gett ifrån sig en regeringsförklaring och Stefan Löfvén har rabblat klyschor i kammaren. Men i ljuset av fem års misskötsel finns det anledning att läsa regeringsförklaringen som i spegeln. Det vill säga spegelvänt av det som står.

Låt oss granska några delar av Löfvéns regeringsförklaring från början till slut för att se hur orden bör tolkas tvärtemot det som sägs.

Visst kan man se en sådan förklaring som lite tom retorik, typisk för riksdagens öppnande, men nu har statsministern valt just de här orden – så skyll sig själv! Det blir lite långdraget, men man kan alltid bläddra vidare till de områden som berör en. De kursiva avsnitten är hämtade från regeringsförklaringen.

Vår uppgift är att rusta landet starkare för att klara omställningen till en ny tid. Vi ska lämna ett mer hållbart, tryggt och jämlikt land vidare till våra barn.

Här har Löfvéns sossar gjort allt de förmår för att åstadkomma motsatsen. Kommunernas situation vittnar om en fullständigt ohållbar situation, tryggheten har krackelerat genom den gängkriminalitet sossarna har släppt fri, och särskilt kvinnor känner sig otrygga p.g.a. våldtäktskulturen i massinvandringens kölvatten, varmed jämlikheten har fått sig en rejäl knäck.

Löfvén försöker urskulda sig genom att skylla våldet på lördagsknarkares köp av tjack (bättre vore att säga att medborgare borde ge fan i att knarka istället för att hitta någon att skylla på), men sossarna har istället för att rusta landet inför uppenbara problem som kommer med massinvandring m.m. lämnat medborgarsäkerheten vind för våg. Uppenbarligen står Löfvéns regering för nedrustning av hållbarhet, trygghet och jämlikhet. Går det att tolka det annorlunda?

Runt om i världen växer politiska krafter som står för intolerans, slutenhet och enkla svar på svåra samhällsproblem. Sverige har valt en annan väg. Vi står upp för de värderingar som byggt Sverige starkt: gemenskap, jämlikhet, öppenhet och jämställdhet mellan kvinnor och män.

Helt fel herr Skojare, och det vet du mycket väl! Sossarna har valt den enklaste vägen. Blunda för problemen man skapar, skyll på någon annan och genom att mässa om intoleranta politiska krafter själv visa sig ytterst intolerant. Dambergs klara besked att SD inte skulle få vara med om några samtal kring gängkriminaliteten visar detta till fyllo. Skitsnack är ett lämpligt ord för Löfvéns ord.

I samarbete med andra medlemsstater arbetar Sverige för ett gemensamt asylsystem i EU där medlemsstaterna solidariskt delar på ansvaret för människor på flykt. Den svenska migrationspolitiken ska vara rättssäker, effektiv och human. Politiken måste vara brett förankrad.

Löfvéns Sverige (inte vårt Sverige) har gjort vad man kan för att upplösa en gemensam EU-ordning genom att nonchalera Dublinförordningen, skapa push und pull-faktorer, välkomna alla syrier och eritreaner samt strunta i att säkerställa identiteter på "flyktingar". Dessutom hittar man på gymnasielagar o.d. för att få avvisade att ändå kunna bli kvar. Därtill lever upp till hundratusentals avvisade gömda i Sverige och uppbär ibland bidrag och garanteras fri sjukvård. Löfvéns regering bryr sig inte ett smack om gemensamt arbete, solidaritet, ansvar, rättssäkerhet, effektivitet och humanitet. De orden är bara till för att kunna anklaga Ungern, Polen m.fl. som ser ohållbarheten med massinvandringen.

Vår generation är den första som kan utrota fattigdom i världen och den sista som kan stoppa den globala uppvärmningen.

Sveriges katastrofala biståndspolitik har bevisligen till stor del gått till mutor och misslyckat FN-arbete. Det har nyligen klarlagts. Istället för att kämpa för att minska fattigdom har svensk biståndspolitik syftat till att cementera fattigdom i fattiga länder genom att låta några få sko sig på biståndspengar. Man kan kalla sig blåögd, men kan man inte hantera situationen ska man inte ge några bistånd – och absolut inte ha ambitionen att styra ett land.

Och global uppvärmning kan regeringen varken höja eller minska, det är blott medvetet tomma ord.

Vi ska hålla ihop vårt land och det ska finnas förutsättningar att leva ett gott liv i hela Sverige. En större omfördelning utifrån de olika förutsättningar som finns i vårt land måste komma på plats redan från årsskiftet. /.../ Servicekontor, där flera statliga myndigheter erbjuder medborgarna tjänster, är ett effektivt sätt för staten att vara närvarande på fler platser. Nya servicekontor ska därför öppnas.

Här kan statsministern fortsätta ljuga sig blå. Massinvandringen, den politiska intoleransen sossarna alltid uppvisar, tvångslagar som bakbinder kommunerna (särskilt i glesbygden) etc har bara skapat större splittring, sämre möjligheter för mindre bemedlade att ha ett gott liv och svårare förhållanden för små glesbygdskommuner. Raden av bensinskattehöjningar, trots löften om motsatsen, slår dessutom rakt i magen på vanliga människor på landsbygden – de får det sämre ställt. Och inga servicekontor kan råda bot på det. Från och med årsskiftet kan det bara bli än sämre, går det att förstå den förda politiken annorlunda?

Svenska bönder producerar varor i världsklass. Genom fortsatta satsningar på livsmedelsstrategin och ett kraftfullt bondepaket stärks det svenska jordbrukets konkurrenskraft. /.../ Ett hållbart och växande skogsbruk bidrar till jobb, tillväxt och klimatnytta.

Jojo, tänker var bonde i landet. Sverige är f.ö. det minst självförsörjande landet i världen p.g.a. statlig inverkan. Och skogsnäringen mår bra just för att sossestaten inte blandar sig i särskilt mycket.

En fungerande bostadsmarknad är en förutsättning både för människors trygghet och för en dynamisk arbetsmarknad.

Bostadsmarknaden har fullständigt fallerat. Problemen synas var vecka i pressen. Det rör sig inte bara om invandrare som får gå före i köerna vilket skapar oklara och orättvisa förhållanden. Regeringen förmår inte stimulera bostadsbyggandet på rätt sätt, och regeringens kamp för så många invandrare som möjligt har medfört mer bostadsbehov än vad som över huvud taget kan byggas. Därmed bor många svenska ungdomar hemma tills de är runt trettio varmed deras vuxenhet fördröjs, färre svenska barn föds, mindre självständighetskänsla råder och färre jobbar. Vilket misslyckande! Men man får inte glömma att det är den ordning sossarna gör allt för att ha.

Den beslutade nationella planen för infrastruktur med investeringar på 700 miljarder i vägar och järnvägar i hela landet ska fullföljas. Regeringen förbättrar vägunderhållet och gör nu den största järnvägssatsningen i modern tid. Nya stambanor för höghastighetståg ska byggas. Det ska bli enklare att boka utlandsresan med tåg och man ska kunna ta nattåget till flera europeiska städer.

Om regeringen får styr på tågtrafiken ska jag göra en Annie Lööf: äta upp min sko (med förbehållet förstås att på centersossevis strunta i löftet). Dagliga förseningar, oändliga kostnader för resenärer som kräver återbetalning eller taxiutlägg, inställda tåg av alla möjliga bisarra skäl, ett i decennier misskött tågnätverk och så vidare.

Kapaciteten att överföra el ska förbättras för att möta växande behov. De förnybara energikällornas betydelse växer nu snabbt. Vindkraften bidrar med en allt högre andel av energitillgången. Det pågår en solcellsrevolution i Sverige. Stödet till solceller har gjort det enklare och billigare för husägare runt om i landet att producera sin egen el. Allt fler elbilar rullar på svenska vägar. Laddinfrastrukturen ska byggas ut för att underlätta elektrifieringen av fordonsflottan.

Det råder elbrist på många ställen i landet, och företagare har nekats öppna fabriker p.g.a. det. Det är visst sossarnas lösning för "att möta växande behov". Den pågående nedläggningen av kärnkraft kommer att vålla oerhörda elproblem i landet, och särskilt dumt är det nu när kärnkraftverken har blivit mycket bättre än tidigare på alla delar av processen. Vind och sol kommer aldrig att fylla elbehoven, inte ens om den globala uppvärmningen mångdubblas och det står vindkraftverk på vartenda svenskt hus. De producerar för lite elektricitet, kort och gott.

Med så lite elresurser, vad ska vi med elbilar till? Det enda positiva med dem är att de låter mindre än bensinbilar. Och med ökad konkurrens om minskade eltillgångar, vad kommer el att kosta för privatpersoner framöver? Priserna har skenat på senare tid, och de kommer fortsätta göra det genom regeringens usla politik.

Juli månad i år var den varmaste som uppmätts. Greta Thunberg har blivit en generations röst när hon kräver att vi lyssnar på forskningen och vidtar åtgärder. Den globala uppvärmningen hotar att i grunden förändra förutsättningarna för mänskligt liv på jorden. Vi behöver anpassa oss till de förändringar som redan sker.

Regeringen behöver pengar och religiösa människor. Därför kör de hårt med Greta och klimatalarmismen: säkra makten och skapa klimatskatter. Men – hockyklubbskurvan (där bladet som sticker rakt upp från skaftet och visar plötslig temperaturökning p.g.a. mänsklig påverkan) har bevisats vara ett falsarium och personen bakom den en bluff, och tusentals forskare har skrivit under petitioner om felaktigheter och vansinne i klimatalarmistteorierna. Ändå vill Löfvén att vi ska lyssna till forskningen – den forskning som kan få honom att sitta kvar vid makten och höja skatter rejält. Bluffen är enorm, och en flickstackare offras i det cyniska maktspelet.

Och förresten, tro mig: det finns många julimånader i jordens historia som varit varmare än anno 2019.

Den internationella konjunkturen mattas nu av och det påverkar ekonomin här hemma. /.../ Statsskuldens andel av bnp är på samma nivå som 1977. En låg skuld ger oss en styrka om konjunkturen försvagas ytterligare, en styrka många länder saknar. Regeringen vill använda reformutrymmet för att få fler i arbete, fler poliser, en starkare välfärd, bättre ekonomi för pensionärer och en kraftfull klimatomställning. /.../ Pensionärerna har i genomsnitt fått 1 600 kronor mer i plånboken per månad jämfört med 2014. Nu fortsätter förstärkningen av pensionärernas ekonomi. Nästa år kommer garantipensionen och taket i bostadstillägget för pensionärer höjas. Utfasningen av den orättfärdiga pensionärsskatten fortsätter.

Staten har hyggliga finanser, ja, men många kommuner är på ruinens brant p.g.a. sossarnas politik. Kronans värde sänks för varje år. Statsskulden må vara relativt liten, men balansen i finanspolitiken är lite med noll. Hur regeringen ska få en miljon nya invånare i arbete är en gåta. Nej, det är snicksnack, de flesta myndigheter på både kommunal och statlig nivå har börjat räkna med att de aldrig kommer att komma i arbete. Följderna för välfärden kommer att bli enorma, och varje ord om välfärds- och fördelningspolitik kommer att vara falska ord. Påståendet om en bättre situation för pensionärerna är just det. De 1 600 kr på fem år äts upp av inflation, lägre kronvärde och allmänt sämre välfärdsförhållanden. Med stor säkerhet kommer antalet fattigpensionärer att öka p.g.a. regeringens politik.

Sverige har haft ett av de mest högpresterande och jämlika skolsystemen i världen. Dit ska vi nå igen. /.../ Det måste vara fokus på kunskap och studiero i varje klassrum. Möjligheten att få stöd i mindre undervisningsgrupper ska ses över och högpresterande elever ska ges bättre möjligheter att nå längre i sitt lärande. Pojkars skolresultat fordrar särskild uppmärksamhet. En nationell plan för trygghet och studiero i skolan ska tas fram och ett mobilförbud på lektionstid ska införas. För de skolor som önskar införs en möjlighet att ge betyg från årskurs fyra. Skolan ska vara en mötesplats för elever med olika bakgrund. Regeringen tar de första stegen mot ett etableringsstopp för fristående grund- och gymnasieskolor med konfessionell inriktning. Nyckeln till en stark kunskapsskola är fler kunniga och kompetenta lärare och fler anställda som kan avlasta lärarna. Insatser krävs för att möta lärarbristen. Möjligheterna att studera till lärare parallellt med arbete i skolan förbättras. Fler högskoleutbildade ska kunna växla karriär och bli lärare. Det statliga stödet för att anställa lärarassistenter förstärks. Regeringen ska förbättra lärarutbildningen och attraktiviteten i läraryrket ska höjas/.../ För att öka likvärdigheten förstärks det statliga stödet till de skolor som har de tuffaste förutsättningarna. Det krävs fortsatta åtgärder för att förbättra skolans förmåga att möta elever med neuropsykiatriska funktionsnedsättningar.

Vi som har lite erfarenhet och insyn i skolsverige säger bara: Jojo! Det sagda lyser önsketänkande. Det är korta meningar utan sammanhang som visar att det är något som bara måste sägas. Det ska låta bra och sen kan vi strunta i det – och som vanligt skylla på något när det inte funkade.

Kunskapslyftet fortsätter och beräknas under 2020 omfatta 93 000 statligt finansierade utbildningsplatser i hela landet. Den kommunala vuxenutbildningen utvecklas till en bas för den nationella och regionala kompetensförsörjningen.

Hur många lärare behövs inte för både vanlig skola och komvux? Ska varenda svensk vara lärare imorgon? När bristen redan nu är förskräckligt hög och ingen vill vara lärare? Planeringen kring utbildning har varit minimal. Och vilket resursslöseri är det inte att utbilda varenda kotte på nytt eller för den delen tiotusentals analfabeter från främmande land?

För att företag ska kunna rekrytera krävs en väl fungerande arbetsmarknad. En effektiv förmedling av arbete gynnar både den som söker arbete och arbetsgivare som behöver anställa. För att bättre bidra till detta ska Arbetsförmedlingen reformeras i grunden. Som ett viktigt komplement ska ett nytt system utvecklas där fristående aktörer matchar och rustar arbetssökande för de lediga jobben.

Vi vet alla vad som hände med hemtjänsten. Företag och enskilda började fuska i enorm utsträckning, och ja, ofta var det invandrare inblandande. När det gäller arbetsförmedling står vi inför ett mångdubbelt antal människor som ska "servas" i jämförelse med hemtjänst. När fusket tar plats där, då kommer pengar läcka. Arbetsförmedlingen tappade greppet för rätt länge sedan. Hur de tillsammans med privata aktörer som kan hitta på vad som helst i Rinkeby ska hantera arbetslöshetssituationen utan att kassorna läcker som såll, det är återigen en sossegåta. Den troliga lösningen på gåtan är att sossarna omfördelar lite och säger att de är aktiva och tar ansvar, och därmed får fortsatt mandat att styra landet vidare mot avgrunden.

Att vårda och ge omsorg är en av samhällets viktigaste uppgifter. /.../ Sverige ska ha en sjukförsäkring som är trygg, rättssäker och begriplig med högt förtroende i befolkningen.

Att påstå att det här området ska förbättras är bara oförskämt. Regeringen har misslyckats med vårdpolitiken och kommer att fortsätta på samma väg. Den som inbillar sig att sjukförsäkringen är trygg och rättvis kan ta ett snack med Svegots Dan Eriksson.

Den våldsamma brottsligheten skapar ett enormt lidande i samhället. Pojkar lockas in i en kriminell karriär som antingen slutar med döden eller med långa fängelsestraff. /.../ Det våld som gängkriminella utövar är ett hot mot människors säkerhet, mot känslan av trygghet i samhället och i förlängningen mot rättssamhället och demokratin. Den hänsynslösheten som visas offren är avskyvärd. Att möta detta hot tillhör statens kärnuppgifter. Kampen mot den grova brottsligheten är långsiktig och kommer att innefatta både framgångar och bakslag. Målet är glasklart: Vi ska tvinga tillbaka våldet.

Regeringen som har kämpat för massinvandring – "Mitt Europa bygger inga murar" – har givetvis skapat situationen. Många invandrare slussas snabbt in i kriminaliteten då integrationen är ett skämt, utvisningar inte sker och samhället i stort inte klarar av att hantera invandringsproblematiken (vilket samhälle klarar det?). Vi som har jobbat i skolvärlden har träffat mängder av andrahandsinvandrare av medelklass som ofta säger att de vill bli gangstrar. De vill inte vara en del av det svenska samhället. Eller snarare: de vill vara en del av det samhälle sossarna har skapat, med utbrett gangstervälde och bidragsförsörjning. Löfvéns regering bär skulden till allt lidande vanliga människor råkar ut för. Samtidigt har gubben mage att svamla om ansvar och trygghet. Allt karlen säger måste förstås som i en spegel.

Polisen får i uppdrag att stärka sitt arbete med att bekämpa den illegala handeln med narkotika som finansierar mycket av gängvåldet. /.../ Var och en som köper narkotika måste vara medveten om att pengarna från knarket stöder kriminella gäng och bidrar till deras brottslighet. Våldet från högerextrema och andra ideologiskt motiverade gärningsmän måste tas på största allvar. Våldtäkter och andra sexualbrott ska bekämpas. Regeringen kommer att föreslå fortsatt skärpta lagar på detta område. Det är en styrka att vi har en bred politisk enighet om att fortsätta stärka rättsstatens förmåga. Regeringen tar nu täten för att samla politiska beslutsfattare och andra intressenter för att fortsätta stärka samhället i kampen mot den grova kriminaliteten.

Här är ett av förklaringens intressantaste avsnitt. Först den pinsamma passusen om att knarkköp bidrar till gängkriminalitet, som om det skulle vara en avgörande faktor snarare än sossarnas gängkriminalitetsgynnande politik. Men främst p.g.a. att de mitt i ett avsnitt om narkotikahandel, sexualbrott och grov kriminalitet har kastat in våld från högerextrema, här fetstilat. Syftet är förstås att näpsa och skrämma SD och allt höger därom.

Fräckheten visar inga gränser eftersom vänstern och den islamism den stöder är de värsta terroristerna i Sverige (utöver sossarna själva, som har skapat eländet och således måste sägas stödja terrorism). Nå, låt mig svara med samma mynt, vad jag är övertygad om: Herr Löfvén och hans socialdemokratiska parti för i mina ögon en statsterroristisk politik gentemot svenskarna. De är hundra resor värre än alla högerextrema och vänsterextrema tillsammans. De är hänsynslösa och skrupelfria. Målet är att samhället ska bli utan struktur och att de därmed ska kunna regera enklare och oinskränkt. Åtminstone så länge det över huvud taget går att regera landet. Före det har de kämpat för att människor ska bli helt beroende av statsmakten genom bidrag och annat. Många ledande partiföreträdare har hyllat historiens värsta mördar- och diktaturregimer, vilka har kallats för demokratiska föredömen. De har också kört över befolkningen i flera avgörande frågor, senast massinvandringen. De är i mina ögon den farligaste politiska rörelse som någonsin har existerat. Vi kan bara hoppas om en ny bred politisk enighet som skärper rättssäkerheten mot sossarnas fruktansvärda brott och övergrepp mot svenskarna – och en ordentlig räfst.

Ett starkt public service i kombination med kommersiella medier ger en mångfald av oberoende medier i hela landet. Förtroendevalda och journalister måste få ett starkare straffrättsligt skydd mot hot och hat för att kunna fullgöra sina för demokratin avgörande uppgifter.

Det var länge sedan public service stod för public service. Numera verkar de stå för tvångsideologisering, d.v.s. propaganda. Förtroendevalda och journalister genomför inte några demokratiska uppgifter i dagens Sverige, snarare har de lierat sig med varandra i syfte att urholka demokratin och riket. "Hat och hot" är bara propagandaord för att få fortsätta på den vägen.

I Sverige accepterar vi inte barnäktenskap eller förtryck. Brott som begås med så kallat hedersmotiv ska få strängare straff och ett särskilt barnäktenskapsbrott införs. Arbetet med att införa ett särskilt hedersbrott fortsätter.

Sossarna och deras stödpartier har kastat ut företrädare som har lyft den här frågan, det har varit klara markeringar. De markeringarna kan man inte förstå annorledes än att sossarna tvärtom vill ha barnäktenskap, hedersbrott och förtryck.

Ett drygt halvår har gått sedan regeringen kunde tillträda efter en sakpolitisk överenskommelse om budget och flera politikområden mellan Socialdemokraterna, Miljöpartiet de gröna, Centerpartiet och Liberalerna. Tillsammans tar vi ansvar för att ta till vara landets möjligheter och lösa vår tids samhällsproblem.

Statsministern avslutar förstås med sin favoritlögn – att ta ansvar. Det är som bekant hans sämsta sida, inte sanningsslirandet faktiskt utan att inte ta ansvar. Sossarna har sagt att de ska ta ansvar för integrationen, utvisningar, kriminaliteten, skolan, vården, energipolitiken o.s.v. Men de har inte åstadkommit någonting, och om de har försökt göra något har de bara skapat sämre förhållanden. Samtidigt som lögnerna fortsätter hagla! Löfvén bortförklarar ibland: Vi har varit naiva. Helt fel Stefan Löfvén, ni har varit odugliga!

Jag kan inte tolka sossarnas politik på annat sätt än att sossarna vill förstöra för många svenskar och förstöra landet, samtidigt som de vill sitta kvar så länge som möjligt vid makten för att gynna sig själva. Svenskarna måste göra upp med regeringen, Löfvén och sossarna en gång för alla. De måste till varje pris bort. Vi kan inte fortsätta leva under deras förtryck, vanskötsel, lögner och propaganda.

MAGNUS SÖDERMAN
12 september 2019

Ilska när EUs nya kommissionär ska skydda den europeiska livsstilen

Har EU gått och blivit fascistiskt? Det kan man i alla fall tro när politiker nu "rasar" mot att EU-kommissionens ordförande tillsatt en kommissionär "för skydd av den europeiska livsstilen".

Den nytillträdda EU-bossen Ursula von der Leyen har knappt hunnit bli ljummen i kläderna innan hon lyckats reta upp vänsterliberala politiker. Hon har nämligen gjort något otänkbart och tillsatt en EU-kommissionär för skydd av den europeiska livsstilen – ja, det är titeln som grekiskan Margaritis Schinas fått. Att han kommer ha visst ansvar för migration i EU gör inte det hela bättre.

Det finns ju ingen "europeisk livsstil" och heller inget europeiskt folk, det är något vänsterliberalerna är överens om. Att då tillsätta en dylik kommissionär är, som belgaren Philippe Lambert (gruppledare för den gröna partigruppen) "en absolut skandal". Vår egen Federley är inte heller helt glad och säger att mer än en kommissionär föreslagen av von der Leyen "kommer att ryka".

Det säger något att det är så provocerande för somliga att ens vidröra själva tanken på att det finns en europeisk livsstil, som därmed skiljer sig från en afrikansk, levantinsk eller annan. Hur kan man vara så verklighetsfrånvänd? Om inte annat borde väl vänsterliberalerna då slå ett slag för sin definition av denna livsstil: bögsex, nationalmasochism etc. skulle ju kunna vara deras version. Men det gör de inte, eftersom de ser rött per automatik och ropar fascism. Antagligen hör det till att Ungern stödde von der Leyen, och att hon anses som konservativ. När någon till höger om S pratar om värden eller identitet så är det fascism. Så långt står vi från varandra, eller snarare, så långt står vänsterliberalerna från allt vett och sans.

För vad är de rädda för? Vad är det Federley tror ska hända? När den europeiska högern – alltså sådana som Moderaterna i Sverige och Kristdemokraterna i Tyskland nämner europeisk livsstil så är det ju inte det vi nationalister tänker på. Faktum är att de snarare ligger sidledes C eller V. Det handlar också för dem om fri abort, feminism och jämställdhet; det är mångkultur och inkludering för hela slanten. Det är med den vetskapen i åtanke som vi inte jublar när överstatliga EU känner sig trygga nog att bjussa på en kommissionär till skydd för den europeiska livsstilen.

Men kanske ska vi bli glada, av samma orsaker som vänsterliberalerna blir förbannade. Åter igen måste vi lära oss att le åt de små stegen framåt. För skulle von der Leyen få igenom sin nya kommissionär så blir erkänns en "europeisk livsstil" som något unikt, något som är vårt. När ramen väl är på plats så ska den fyllas med exempel på denna livsstil.

In på arenan träder metapolitiken. Vi ska nämligen inte låta Federley definiera europeisk livsstil, i vart fall inte oemotsagt. Det är som det här med svenskhet och svenskar. Innan vi alla inser och erkänner att det finns svenskar och svenskhet så är det lögn att förklara att endera ska försvaras och bevaras. Låt oss därför, redan nu, fundera vad europeisk livsstil innebär – vad kan vi innefatta i begreppet och vad ska vi kräva att Margaritis Schinas ska skydda.

Kanske är det yttrandefriheten? Kanske är det den mångfald av olika europeiska folkslags seder och bruk som finns? Kanske är det något annat. Det är upp till oss att visa att det finns alternativ till vad helst vänstern, de gröna eller de konservativa kan tänkas koka ihop. Är vi redo för det? Jadå, det är vi. Låt oss bara göra det.

JALLE HORN
13 september 2019

Grundtvig sjunger om en dansk sjöhjälte

Nikolai Frederik Severin Grundtvig, författaren till dagens dikt, är en av Skandinaviens viktigaste kulturpersonligheter. Han tog strid mot upplysning och rationalism, som enligt honom tenderade att fördärva människans själsliv. Efter ett par kriser blev han djupt troende och predikade en innerlig kristendom, präglad av församlingens och individens tro och förbund, varigenom Gud lever. Rationalismen hade i hans ögon inte bara fått grepp om människornas själar utan även över teologin, varmed tron blivit stel och själlös.

Grundtvig var således en typisk del av den romantiska rörelsen i början av 1800-talet, vilken just försökte ruska liv i den europeiska själen. Som många andra nordiska kulturpersonligheter fördjupade sig Grundtvig i de germanska gamla texterna: Eddan, Beowulf m.m. Tillsammans med Tegnér, Oehlenschläger m.fl. gjorde han nationalromantiken till den kanske största kulturrörelsen på 1800-talet.

En del av det projektet var att folket skulle bli en sund och naturlig del av staten; Grundtvig var viktig för demokratins utveckling i Norden. Mest föll hans engagemang på folkets bildning. För det syftet grundade han folkhögskolekonceptet som fortfarande är viktigt i Norden och Tyskland. Medborgarna skulle ges möjligheten att bilda sig utanför akademins ramar. Betoningen på folket innebar att respektive land hade sin särart, varmed politik, kulturen m.m. formades därefter.

Inom poesin är Grundtvig främst känd som psalmdiktare. Men han har även skrivit många andra bra dikter. Dagens dikt är en av hans mest kända och handlar om den danske sjöhjälten Peter Willemoes, som utmärkte sig i flera sjöslag mot engelsmännen under Napoleonkrigen, framför allt slaget 1801 utanför Köpenhamn. Självaste amiral Nelson ska ha visat stor beundran för den unge, tappre dansken, som ledde ett havsbatteri men inte kunde stå emot de överlägsna britterna.

Willemoes var del av den danska flottan i mer eller mindre hela sitt liv. Redan som tolvåring blev han elev inom flottan, där han verkade till sin tidiga död vid blott 24 års ålder 1808, i strid med engelska fartyg. Grundtvig förstår att hylla en folkets hjälte på bästa vis, en som går i strid med fienden med fara för eget liv, för att det egna folkets liv ska kunna spira.

"Odden" i dikten är "Själlands odde", en halvö på nordvästra Själland.

Kommer hid, I piger små!
strengen vil jeg røre,
tårer skal i øjet stå,
når min sang I høre,
om så bold en ungersvend
alle fagre pigers ven,
sørgelig jeg sjunger.

Våren er nu kommen nær,
dagene sig længe,
våren har I piger kær,
blomster gro i enge.
Dog I skal i sene år
mindes, at I så en vår
med bedrøvet øje.

Ak, thi før sig op af jord
blomsten kunne trænge,
falmede en blomst i Nord,
som skal mindes længe:
Willemoes var blomstens navn,
og ej glemmes tunge savn
midt i blomsterflokken.

Han var dreng, men stod som mand,
medens I var spæde,
stå og slå for fædreland
var den unges glæde.
Strømmen går mod København,
Kongedyb er strømmens navn,
der blev helten viet.

Sælsomt i hans ånd det lød:
Hører du, det dønner!
Danemark er stedt i nød,
kalder sine sønner.
Og som gamle Danmarks søn
fløj han mod det høje døn,
fædreland at værge.

Ak! den gæve kom og så
fædrelandet bløde,
hvor de stolte snekker lå,
var så tomt og øde.
Disse snekker var hans hjem,
han opvoksed mellem dem,
stred i deres skygge.

Hist i nord går Odden ud
mellem høje bølger,
der blev døn af stærke skud,
Kristjan ej sig dølger,
men som gamle Kristian
står han fast på danske strand,
skønt hans blod udrinder.

Willemoes! du måtte gå
andet hjem at finde,
tårer i vort øje stå,
men de tør ej rinde.
Ak! thi ville vi, at du
skulle vanke her endnu,
Kristjan overleve?

Hører det, I piger små!
I må ikke græde,
men når over eng I gå
mellem vårens spæde,
binder da af dem en krans,
parrer blomsterne med sans
til den faldnes ære!

Hvis det rørte hjertes sang
hjertet røre kunne,
sjunger den da mangen gang
i de stille lunde,
sjunger den ved breden strand,
når hen over hviden sand
voven sagte triller!

Kommen hit, ni jäntor små!
Strängen vill jag röra,
tårar skall i ögat stå,
när min sång ni höra,
om så båld en ungersven,
alla fagra jäntors vän,
sorgeligt jag sjunger.

Våren är nu kommen när,
dagarna förlängas,
våren har ni jäntor kär,
blommor gro i ängar.
Dock ni ska i sena år
minnas att ni såg en vår
med bedrövat öga.

Ack, för att sig upp ur jord
blommor kunna tränga,
vissnade en blomst i Nord,
vi skall minnas länge:
Willemoes var blommans namn,
och ej glömmas tung förlust
mitt i blomsterflocken.

Han var pojk men stod som man,
medan ni var späda,
stå och slå för fädreland
var den unges glädje.
Strömmen går mot Köpenhamn,
Kungadjup är strömmens namn,

där blev hjälten vigd.

Sällsamt i hans själ det ljöd
Hör du hur det dånar!
Danmark är nu statt i nöd,
kallar sina söner.
Och som gamla Danmarks son
flög han mot det höga dån,
fädreland att värja.

Ack, den tappre kom och såg
fädrelandet blöda,
där de stolta skutor låg,
var så tomt och öde.
Dessa skutor var hans hem,
han blev uppväxt mellan dem,
stred i deras skugga.

Där i norr går Odden ut
mellan höga böljor,
där blev dån av starka skott,
Kristjan ej sig döljer,
men som gamla Kristian
står han fast på danske strand,
fast hans blod utrinner.

Willemoes, du måste gå
annat hem att finna,
tårar i vårt öga stå,
men de tör ej rinna.
Ack, för ville vi att du
skulle vanka här ännu,
Kristjan överleva?

Hör så det, ni jäntor små!
Ni må icke gråta,
men när över äng ni gå
mellan vårens späda,
bind då utav dem en krans,
para blommorna med sans

till den fallnes ära!

Om det rörda hjärtas sång
hjärtat röra kunde,
sjönge den då mången gång
i de stilla lundar,
sjönge den vid breda stranden,
när hän över vita sanden
vågen sakta slår.

JALLE HORN
16 september 2019

Äntligen en politiker som talar klarspråk – väck med plutten Johansson!

Staffanstorps starke man Christian Sonesson ställer Morgan Johansson mot väggen. Han kräver att justitieministern ställs till svars för sin odugliga politik genom att ställas inför misstroendevotum.

Sölvesborg och Staffanstorp har ett par politiker som står upp för sin sak, sin kommuns sak. Louise Erixon har meddelat att kommunen inte tänker hissa några prideflaggor längre utan hålla sig till traditionellt flagghissande vid traditionella tillfällen. Som sig bör! Hon har säkert också ett finger med i spelet om kommunens utspel om att inte ta emot några fler invandrare trots de tvångslagar som riksdagspolitiker har skapat för att förslava kommunerna och utan bekymmer låta Sverige välkomna lycksökare i hundratusentals – i folkutbytets namn.

I Staffanstorp är det moderaten Christian Sonesson som har höjt rösten många gånger. Hans senaste utspel är att justitieminister Morgan Johansson snarast bör drabbas av misstroendevotum eftersom han har ansvaret för den uppenbarligen misslyckade politiken mot gängkriminaliteten och det eskalerande öppna våldet i landet.

Den senaste händelsen är en livsmedelsbutik i Lund som har sprängts, varvid en kvinna har skadats allvarligt. Det ska ha varit en mycket kraftig explosion, som orakat skador på byggnader flera hundra meter bort. Kvinnan ifråga var en oskyldig förbipasserande. Kanske hade hon varit på bio på kvällen; kanske har hon sett sin sista biofilm. Butiksägaren påstår att han inte har någon aning om varför hans butik har varit föremål för sprängningen, även om man först misstänker maffiametoder mot honom.

Explosionerna duggar tätt i Sverige, både handgranater som kastas in i våningar och bomber avsedda att orsaka stor allmän skada. Vi har fått erfara åtskilliga avrättningar i landet. Oftast har det rört sig om uppgörelser inom kriminella grupper, men de senaste månaderna har våldet vänts mot vad som ser ut att vara vanliga medborgare, om än med visst förhållande till kriminella. De senaste avrättningarna har t.o.m. varit kvinnliga offer. Och även vid uppgörelser bland banditer kan våldet drabba vanliga personer, t.ex. genom en förlupen kula. Och över huvud taget, vem vill ha avrättningar i landet var och varannan vecka?

Ja, Morgan "plutten" Johansson kanske! Sonesson har nämligen helt rätt i att Johansson bör ställas till svars, helst avsättas så snart som möjligt. Han har gjort sitt utspel i ett facebookinlägg. Han menar att M, KD och SD bör föra egna samtal om det eskalerande våldet i samhället eftersom sådana samtal med regeringspartierna varit fruktlösa och regeringen själv har visat undfallenhet inför våldet och mest kommit med tomma ord, såsom "inget att frukta" och "jaga dem till jordens ände". SD, M och KD bör således, menar Sonesson. tillsammans rikta misstroende mot Johansson och eventuellt inrikesminister Mikael Damberg, ännu en skurk, som visat sin odemokratiska nuna genom att neka SD att vara med om samtalen om åtgärder mot gängkriminaliteten

Den undfallenhet Sonesson talar om kan man inte annat än hålla med om. Morgan Johansson är onekligen en av tidernas sämsta justitieministrar, rent av en fara för Sverige. Och samma sak om Mikael Damberg som inrikesminister. Frågan är om de inte försöker gynna en upptrappning av våldet. Det kan mycket väl vara en del av sossarnas plan att nedvärdera skötsamma svenskar, få människor att känna sig människor rädda och påskynda folkutbytet.

Därför är det mycket förtroendeingivande och hoppfullt när äntligen en politiker talar klarspråk och kräver avgångar. Låt oss hoppas att det blir allvar av saken.

DAN ERIKSSON
16 september 2019

Integration och assimilation blir Sveriges död

Så väl integration som assimilation är båda omöjliga i dagens Sverige och icke önskvärda ur ett nationalistiskt perspektiv. En politik som på allvar vill komma åt problemen som massinvandringen fört med sig måste istället fokusera på storskalig återvandring, det är den enda lösningen.

Sverige slits isär när samhällsgemenskapen är sönderslagen. Den organiserade kriminaliteten, som nästan uteslutande är en utlänningsfråga, skapar oro och lidande med dödsskjutningar och bombningar. Svenska kvinnor känner sig otryggare än någonsin sedan gruppvåldtäkter och Taharrush gamea blivit nya fenomen i vårt nordliga land.

Politikerna verkar stå handfallna inför situationen, men de har ett och samma — vad de tror är ett – trumfkort på hand som de alltid har viftat med; integrationen. Mer resurser, fler projekt och nya lagar ska lösa integrationen.

Så länge jag kan minnas har jag hört det där evinnerliga tjatet om integrationen. Det var integration som skulle lösa de problem jag och många andra upplevde under vår uppväxt förra årtusendet, och det är integration som ska lösa problemen för svenskar som växer upp det här årtusendet. Men vilket årtusende vi än betraktar står en sak klar; integration av så pass stora massor människor från så för oss främmande biokulturer är inte möjlig. Och vore den på något magiskt sätt möjlig, så är den faktiskt ändå inte önskvärd.

"Jag skulle verkligen säga att förbättrad integration måste vara ett väldigt centralt mål för politiken de kommande åren" Anders Borg, SVT Forum, 1 juni 2011

Det finns ett missförstånd – som antingen också är rådande hos politikerna eller så är det något de utnyttjar i sin kommunikation med väljarna – om att integration skulle vara lösningen på problemen som skapas av massinvandringen. Därmed kan man precis som att man kan lägga mer resurser på sjukvården ifall svenskarna har problem med dålig sjukvård, lägga pengar på integration om svenskarna har problem med dålig invandring.

Men hela antagandet är i grunden fel eftersom integration inte alls är lösningen på dålig invandring, utan är ett sätt att försöka sminka den haramslaktade grisen man kallar för mångkultur. Man kan säga att idén om integrationen uppstår när mångkulturen är ett faktum, och svenskarna inser problemet med att ha främmande folk boendes i vårt eget land.

Integration innebär rent ordagrant "en förening av skilda delar till en större helhet", vilket alltså innebär att två eller flera delar ska uppgå i någonting nytt, någonting större.

"Integrationen fungerar inte som den ska. Det gjorde den inte före hösten 2015 heller" Magdalena Andersson, Dagens Nyheter 21 december 2017

Medan många svenskar nog tror att integration betyder att "invandrarna ska anpassa sig till oss", betyder det egentligen motsatsen; svenskarna ska anpassa sig till det mångkulturella samhället. Det är nämligen den politiska idén om det mångkulturella samhället som är den större helheten som delarna ska uppgå i.

I idén om det mångkulturella samhället är själva grunden att svenskarna inte ska få ha något eget land, för kom ihåg – det är vårt land som ska bli "mångkulturellt" och det är i vårt land som befolkningen ska "integreras". Fram tills för mindre än ett halvt sekel sedan var Sverige otroligt etniskt homogent; bland de mest etniskt homogena staterna i världen. Men sedan har det gått väldigt fort utför.

Det många svenskar tror att integration betyder är istället det som kallas för assimilation. Alltså, de som kommer till Sverige "ska anpassa sig" och försöka "bli som oss". De ska sluta vara muslimer, de ska sluta med sin hederskultur, de ska tala svenska som oss och de ska äta typ samma mat som oss.

Det är vad svenskarna tror att politikerna menar när de säger att de ska satsa på "integrationen", men det politikerna alltså egentligen säger är att de ska satsa på att ge bort ditt land till främlingar.

"Svenskarna måste integreras i det nya Sverige, det gamla Sverige kommer inte tillbaka." Mona Sahlin i P1-morgon i Sveriges Radio P1 den 17 maj 2001.

Assimilation är tanken som Sverigedemokraterna driver; tanken om att de som kommer till Sverige ska anpassa sig och försöka "bli svenskar". Detta står också i Sverigedemokraternas partiprogram, men man menar att till exempel judar och zigenare inte sak behöva assimilera sig. En ytterst underlig inställning kan tyckas, men det handlar med största sannolikhet om att man vill slippa ta den diskussionen och istället fokusera främst på invandrade muslimer.

Problemen med assimilationspolitiken är flera. Dels är det alldeles för sent att bedriva en sådan politik idag, om man vill lösa de problem som massinvandringen medfört. Istället skulle man så klart ha fortsatt med assimilationspolitiken, som man till stor del gjorde innan regeringen Palme ändrade grundlagen 1975 för att göra Sverige mångkulturellt. Parallellt med assimilationspolitiken skulle man ha hållit invandringen till ett minimum. Då hade assimilation säkert varit möjlig i ganska hög utsträckning. Men framförallt är det inte önskvärt att en och en halv miljon araber och afrikaner assimileras in i den svenska befolkningen, eftersom det skulle innebära att den svenska biokulturen slogs sönder och ersattes av något annat.

För mig som nationalist är det en helt otänkbar lösning på de problem som nu skapats. Mitt problem med massinvandringen är nämligen inte primärt att det slår sönder gemenskapen, att det leder till ökad brottslighet eller att den kostar ofantliga mängder pengar. Mitt primära problem är att massinvandringen på sikt hotar att tränga undan svenskarna från vårt eget hem, vilket den redan gör på många platser runt om i landet.

Den enda riktiga lösningen på massinvandringen är att dels avskaffa den, och sedan återställa den så mycket det bara går. Vi måste internera, deportera och repatriera. och bomber avsedda att orsaka stor allmän skada. Vi har fått erfara åtskilliga av

MAGNUS SÖDERMAN
17 september 2019

Politikerna skiter i dig – svara med samma mynt

Det är budgetdags och då blir det extra tydligt hur lite svenskarna betyder för politikerna. Eftersom skattkistan inte är bottenlös handlar det om prioriteringar: att ställa grupp mot grupp. Centern visar med all önskvärd tydlighet att utlänningar hamnar högt upp på dagordningen.

Låt oss dock börja med ett sidospår, om en ett ack så viktig sådant. För tillfället toppar polariseringen i Sverige nyhetsflödet och SVT redovisar undersökningar som visar just denna polarisering som råder mellan medborgarna. Stridsfrågorna är de gamla vanliga om invandring och tiggeri, men också de nya som handlar om köttätande i klimathysterins spår. Ett är säkert, polariseringen är total och det fördjupas därtill. I polariseringens kölvatten ska politikerna göra sina vägval. Hur ska de agera, vilka ställningstagande ska göras och hur ser de på sitt ansvar för det som sker (här kan vi konstatera att polarisering är dåligt för sammanhållningen och faktiskt också ett demokratiproblem om man så vill).

Ska partierna cementera sina ståndpunkter, gräva ner sig i skyttegravarna och ägna sig åt skyttegravskrig? Eller ska de försöka nå samsyn, låta åsikter flöda fritt och finna en framkomlig väg?

Det är uppenbart att man väljer det sistnämnda och det har varit modus operandi under lång tid. En del åsikter har tystats ner och exempelvis Sverigedemokraterna tillåts fortfarande inte vara med när det ska samtalas "brett". Att ignorera (eller inte fråga) vad folk tycker är Sverige i ett nötskal. Avgörande frågor som förändrar samhället får folk inte ta ställning till. Det bästa exemplet är frågan om Sverige ska vara en mångkultur, förverkligad genom massinvandring. Svenska folket har aldrig blivit tillfrågat och har (i stort sett) sedan bara tyst accepterat faktum efter att beslutet fattades. Detta har satt en standard som partierna följer: kör på, fråga inte och räkna med att svensken tyst accepterar.

Med det i åtanke blir det enklare att förstå hur Centerpartiet – i dessa polariseringens tider – ägnar en debattartikel på Aftonbladet åt att berätta hur de ska ta svenskarnas pengar och slänga ner i det svarta hål som kallas integrationsåtgärder. Man berättar, som vore det något positivt, att man tänker ta 160 miljoner skattekronor för att "asylsökande ska ta del av samhällsorientering och lära sig svenska från dag ett". Därtill lägger man 210 miljoner på att föräldralediga "nyanlända kvinnor" ska få chansen att lära sig svenska.

Hela konkanrongen kallas för Intensivåret och Centern deklarerar att "integrationsutmaningen" ska hanteras med "intensiva integrationsinsatser" som ska leda till en "hållbar integrationspolitik". I klartext betyder det alltså: vi ska ta skattemedel och ge till utlänningar som av egen kraft uppenbarligen inte lyckas "komma in i samhället" och simsalabim ... så löser allt sig. Låtsasjobb ska skapas, urusel svenska ska bli knagglig svenska och framförallt, en massa tolkar, kulturguider och integrationskonsulter får förnyade statliga kontrakt. Pengarna som används tas från svenskar som därigenom får en försämrad välfärd, en sämre polis, ett sämre försvar och så vidare. Att det är konsekvenserna vet vi och desto fler förstår det. Desto fler förstår också att "integration" bara betyder att vi, svenskar, ska anpassa oss till att leva i det Sverige som vänsterliberalerna format.

Men det intresserar inte Centerpartiet – eller snarare – vi är inte intressanta för Centerpartiet. De vet mycket väl att många svenskar kraftigt ogillar deras politik. C fick 8,6 procent 2018 och det verkar inte bli så mycket bättre med tiden. Men det spelar ingen roll för C, eftersom de omfamnat polariseringen till fullo. I deras värld är alla som tycker "fel" ointressanta att över huvud taget snegla åt.

Det är så det samhälle de skapat fungerar och ser ut. Som med så mycket annat elände går det inte att skylla på oss nationalister. Det är inte vi som ligger bakom samhällsutvecklingen, vare sig i det lilla eller det stora. Faktum är att det är C och deras likar som vägrat debatten, vägrat lyssna och kallat allt ifrågasättande av deras politik för hat och hets. Vi å vår sida har velat ta debatten, velat prata, fråga och vi har genuint varit intresserade av att få veta hur de tänkt sig att det hela ska kunna sluta väl. Det är inte vi som avvisat och kastat glåpord.

Det har förändrats nu, i alla fall delvis. Många av oss känner att gränsen är nådd. Det är inte längre intressant att söka dialog, det har gått för långt helt enkelt. Svenskar som vill ha mångkultur och massinvandring i denna tid, alltså samma personer som C vänder sig till i sin debattartikel, lämnar vi därhän. Vi har givit upp om dem och tänker inte ödsla energi på dem mer.

Det var inte nationalisterna som skapade det polariserade Sverige. Tvärt om, vi har gjort allt vi kan för att det inte skulle bli såhär. Vi ville ha, vi bad om och vi krävde att få komma till tals; vi varnade för konsekvenserna av massinvandringen; vi ville motarbeta idén om klasskamp och hellre läka dessa sår genom folkgemenskap –

och så vidare. Men nu står vi istället mitt uppe i en polarisering, som bara kommer att bli värre.

Centern är inte intresserad av att nå samförstånd och det samma kan sägas om övriga partier också. Kanske kommer M eller KD vackla när det gäller SD, men också SD tjatar om integration. Hur många skattekronor är de beredda att kasta i det svarta hålet? Alla har fått nog verkar det som, ingen är intresserad av att föra dialog. Det tåget har gått. Låt oss därför inte ödsla tid på folk som ännu i dessa dagar har mage att prata om integration. De bryr sig inte ett dugg om oss, vi ger tillbaka med samma mynt och bygger något nytt istället. Också vi kan omfamna polariseringen med allt vad det innebär: till exempel så slutar vi erkänna deras regim. Vad det innebär kan vi ta en annan gång.

MAGNUS SÖDERMAN
19 september 2019

Polisen varnar för bomber – och värre kommer det bli

Om och om igen går allt det den nationella oppositionen varnat för i årtionden går i uppfyllelse. Fortsätter det på detta vis kommer det bli etter värre innan vi nått peak elände i Sverige. Tyvärr tyder ingen på att det kommer bli bättre i brådrasket.

Minnet tar mig till London för kanske 30 år sedan. Språkresa eller semester med familjen minns jag inte om det var, men något av det. Däremot minns jag hur vi hastigt och lustigt fick evakuera en tunnelbanestation. IRA hade bombhotat, igen. Det varnades för bomber litet varstans i London då.

Man skulle vara försiktig och ha ögonen med sig samt direkt lyda order från myndigheterna om att utrymma och/eller flytta på sig. Det var spännande för mig, men antagligen mindre lustigt för Londonborna. Att jag skulle få uppleva att svensk polis varnar för bomber i en svensk stad, trots att Sverige inte befinner sig i något som kan likna det inbördeskrig som britterna hade med IRA, har jag varit övertygad om sedan länge, även om man inte vill tro det.

Men nu är vi där. Malmöpolisen varnar allmänheten till försiktighet eftersom det placeras ut bomber i stan. En kvinna som kom emellan drabbades av svåra ansiktsskador (det skedde i Lund, men vi är i Skåne i alla fall). Polisens tips är att hålla sig hemma på kvällar och nätter, för det är då de kriminella är aktiva. Man ska också oroa sig för det mesta, det lär oss kommunpolisen Göran Holmgren, som säger:

– Vi vill uppmärksamma folk på att vara lite mer försiktiga. Ser man något konstigt, en väska eller något paket. En bomb kan se ut hur som helst.

Till och med den amerikanska polisen, som bjudits in för att hjälpa Sverige med gängbrottsligheten, är tagen på sängen. Denna typ av explosiv brottslighet har de ingen egentlig erfarenhet av, så de kommer fokusera mer på skjutningar. Det var väl betryggande?

Förvisso är risken förhållandevis liten att man ska sprängas i luften, den kommer dock öka om det fortsätter. Och även om man blir av med bomberna, så är ju skjutningarna kvar. Just nu ser det inte ut som om man kommer komma åt någotdera, snarare verkar det som att gängen har vind i seglen och går lös på varandra relativt obehindrat. Utlänningar från Irak och Syrien säger att gamla Sverige mer börjar likna hemlandet... och de menar inte kebabhaken.

Tack Svensson, för att du valde Sjuklövern... att ni (bred pensel målar jag med) kommer fortsätta göra det i för stor utsträckning är groteskt.

Kanske vill politikerna göra något åt skjutningarna och bomberna. Det är bara det att de inte har någon som helst aning om hur. Deras grundinställning är fel och de bygger sitt korthus på kvicksand. Liberalen Jan Jönsson i Stockholm har tagit fram en strategi för att komma till rätta med våldet. Hans slutsats som strategin utformats från är denna:

– Det är ju faktiskt så att majoriteten av de brott som begås är av pojkar och unga män. Vi vill tidigt diskutera könsnormer, hur man får vara som pojke och impulskontroll.

Det är alltså "mansnormen" som är problemet. Trodde du att det var massinvandring eller mångkultur? Kanske antog du att "flumskolan", där lärare tillåter elever att bestämma, är skurken? Trodde du att det var indragen idrott kanske? Eller har du fått för dig att det beror på att polisen dansar i Pride och skriver Aina på bilen? Kanske tänker du att det är allt ovan i en ohelig allians? Fel har du. Jättefel. Det är "mansnormen" och hör sedan.

Så denna måste utmanas med "tidiga insatser". Skicka hem barnskötare till småbarnsföräldrar i utsatta områden är en insats. Och så klart, "utmana könsrollerna" så tidigt som möjligt. Fix färdigt, tänker Jönsson. Men han har fel – helt fel. Och det är gemene man som får lida för det.

När man gjort samma sak under årtionden och det inte fungerar så är det inte ännu mer av samma som behövs. Det behövs något helt annorlunda och ofta det rakt motsatta. Förslag likt Jönssons har det gödslats med så länge jag kan minnas och deras implementerande har bara lett oss dit vi är idag. Med tanke på att de styrande avser att fortsätta med dem så vet vi att det bara kommer bli mer av det som är.

Visst kommer det att gå i vågor och om man gör som Sarnecki gärna gör, jämför bara ett år eller två år bakåt så kan man ibland säga att det ena eller andra brottet går ner (eller som när man sa att allt färre dör av skottskador, vilket berodde på att sjukvården lärt sig hantera dem bättre på grund av att det skjuts så mycket och inte att det sköts mindre), men över tid är det klarlagt att det blir värre.

Och etter värre kommer det att bli. Något nytt vi inte sett men som snart kommer dyka upp är vägspärrar kring vissa områden. Kanske inte permanenta som mellan Israel och Palestina, eller som tidigare i Ulster, men likafullt vägspärrar. Polisen ställer upp sig, stoppar alla bilar till eller från ett område, tittar i skuffen och kollar legg på alla. "Vem är du, vart är du på väg" och så vidare.

Med tiden kommer vi också få något som liknar Brasiliens BOPE (Bataljonen för särskilda polisoperationer), och det samtidigt som Jönsson fortsätter "utmana mansrollen" utan verkning. Dum-svenskarna kommer applådera alla "hårdare tag" utan att förstå att de applåderar polisstaten Sverige som är under uppsegling. För visst är det så att "bara man har rent mjöl i påsen så…".

Hittills har vi haft rätt på varje punkt när vi förutsagt framtiden. Vi har också rätt i att det inte behövt bli så här och att vi fortfarande kan ändra på det, faktiskt. Kanske kommer vi, i sista timmen, tänka om och göra rätt. Kanske inte. Hur det än blir så är det upp till var och en av oss att förbereda för det värsta, hoppas på det bästa och göra vad vi kan för att "det bästa" blir verklighet.

DAN ERIKSSON
19 september 2019

Vardagens existentiella ångest

Väldigt få saker blir som man tänkt sig. Men måste vi acceptera det?

Efter en lång arbetsdag är det dags att äta kvällsmat med familjen. Det är något jag alltid försöker ta mig tid till, oavsett hur mycket som står på min att-göra-lista. Jag vill sitta ned med min fru och våra barn och äta tillsammans, och även om det knappast är en rogivande stund — alla som ätit tillsammans med småbarn vet vad jag menar — så är det en stund jag och många andra värdesätter.

Det kladdas med köttfärssås i halva ansiktet. Det skriks om att saft är mycket godare än mjölk och vatten till maten. Bestick slår mot porslin i taktlöst oväsen medan jag och min fru slänger oss i maten så snabbt vi bara kan. Men det är en stund där vi alla fyra sitter ned tillsammans. Vi pratar inte om något särskilt. Men det är ändå trevligt.

Sen försöker man klämma in lite lek med barnen, vilket inte är det lättaste då deras olika åldrar gör att de inte alls är intresserade av samma lekar. Vi kan springa runt och jaga varandra ett tag, det tycker alla är kul, men det brukar sluta med att den äldre grabben vill brottas medan den yngre dotterns står frågande bredvid och undrar varför vi inte bara fortsätter att springa i cirklar i hemmet.

Vi kan leka med en ballong som fortfarande har lite luft kvar sedan senaste kalaset. Pappa kickar runt den medan barnen försöker fånga den, men det brukar sluta med att den äldre grabben vill brottas medan den yngre dotterns står frågande bredvid och undrar varför vi inte bara fortsätter leka med ballongen.

Vi kan bygga med klossar. Ett högt torn. Det liknar mest ingenting men högt blir det, och sen tävlar barnen i vem som kan riva ned tornet på det mest spektakulära sätt. Det är kul några gånger. Tills de börjar bråka om vems tur det är att riva tornet.

Eller tills pappa tröttnat på att bygga upp tornhelvetet igen.

Efter några lekförsök är det dags att borsta barnens tänder, klä på dem pyjamas, läsa saga, kanske sjunga någon vaggvisa och se hur barnen somnar in strax innan klockan slagit åtta. Nu återstår bara att röja upp efter leken, kanske något kvar att fixa efter kvällsmaten och sedan eventuellt genomföra några hushållssysslor som inte hunnits med under dagen.

När klockan närmar sig nio kan vi äntligen pusta ut. Det är över 14 timmars anspänning av arbete, barn och måsten som ligger bakom oss, och plötsligt har vi en timme eller två som bara är våra. Det är nu vi ska ha tid att förkovra oss i våra intressen och i varandra. Det här är kvalitetstimmarna som varje äkta par med små barn väntar på. Men energin är slut. Uppfinningsrikedomen har sinat.

Vi närmast graviterar mot soffan. Slår oss ned. Njuter av tystnaden så till den milda grad att vi inte talar med varandra om det inte är något vi måste tala om. Fingrarna vandrar bort mot fjärrkontrollen. För att bryta den snart obehagliga tystnaden och känslan av att vi kanske har något att prata om, men att vi inte orkar, slås dumburken på.

– Vad ska vi se på ikväll, älskling?

– Jag vet inte, det spelar ingen roll.

Snart rullar någon ointressant dramaserie från USA eller oinspirerad svensk deckare på femtiofem tum av ångestdämpande pixelmosaik.

Déjà vu! Har jag inte sett det här förut? Inte det som händer på skärmen alltså, utan den här ritualen som leder fram till att vi sitter här nedsjunkna i den av barnalek fläckiga soffan vi köpte en gång när det bara var vi två i hemmet, och därför tänkte att vit var en bra färg? Är det inte samma visa som igår? Och kvällen innan det?

Vi skulle ju inte bli som alla andra småbarnsfamiljer som tillbringar sina kvällar i TV-soffan. Vi skulle ju göra roliga saker, upptäcka spännande platser, prova nya saker. Vi skulle inte bli som de andra. Eller var det just det här vi sökte? Vardagen, rutinerna, det inrutade livet?

När pojkar är små vill de bli astronauter och fotbollsproffs. Väldigt få blir det. Man accepterar det efter ett tag.

Nyförälskade par berättar för varandra att när de får barn ska de aldrig bli som de där trötta barnfamiljerna i grannhusen. De allra flesta blir det.

Jag kanske måste acceptera även det.

MAGNUS SÖDERMAN
23 september 2019

Regeringen vill se 10-årig grundskola: blir vi dummare medan åren går?

Regeringen har kommit överens med stödhjulen C och L om att Sverige ska ha en tioårig grundskola. Tydligen har något hänt som gör att barn och unga idag måste ha längre tid på sig för att klara grundskolan.

Regeringen vill ha unga svenskar längre vid sin barm och under sina vingar. Därför ska den obligatoriska skolan utökas med ett år. Förskolan blir därmed årskurs ett. De "liberala" partierna C och L håller med och säger ja till att föräldraansvaret kringskärs ytterligare och statens makt över individen fördjupas. Det finns flera orsaker att höja på ögonbrynen, även om det inte är någon nyhet i sig: att vänstern länge velat detta är välkänt.

Det finns många skäl till varför de styrande vill ha såväl skolplikt samt en längre obligatorisk grundskola. Det skäl som ofta lyfts fram är att varje barn/ungdom har rätt till en gedigen utbildning alldeles oavsett ekonomiska eller andra förutsättningar. Alla barn har kanske inte föräldrar som kan eller vill ta det ansvaret, varför det är samhällets ansvar för allas bästa att göra det. Det är svårt att argumentera mot det utan att framstå som en ogin typ, inte sant. Och få skulle ha några egentliga invändningar mot en allmän skolan, om det nu vara utbildning som var huvudfokus. Allt fler ifrågasätter dock konceptet, eftersom de ser hur skolan blir alltmer politiserad och att fokus skiftas från kalla fakta till värdegrund.

En annan invändning många har är att skolan inte är en trygg miljö. Sanningen är ju den att sådant som pågår på många skolor aldrig hade fått passera på ett vanligt företag. Huvudskyddsombudet hade stängt ner verksamheten direkt om de rört sig om ett företag, men i skolan kan övergrepp, mobbning etc. pågå förhållandevis ostraffat. Och inte helt sällan handlar det om dominansbrott, alltså att ickesvenskar ger sig på svenskar för att visa vem som bestämmer. Som förälder har du inget annat val än att släppa iväg/sjasa iväg dina barn till denna otrygga miljö eftersom vi har skolplikt. Det är alltså olagligt att själv sörja för sina barns utbildning i Sverige (något vi är relativt unika med, förutom andra diktaturer som också har skolplikt).

Skolplikten i sig är en ofrihet som varje vän av frihet måste säga nej till. I de flesta västerländska länder finns den inte (det kan finnas läroplikt dock) vilket ger föräldrarna friheten att själva välja vad som är bäst. Sverige följer dock mönstret från gamla Sovjet, Nordkorea mfl. länder där staten tar "ansvar" och barnen endast är föräldrarna till låns. Och ve den som inte efterkommer kravet, då kan polisen få order om att hämta eleven.

Att man tar chansen att lägga ännu ett år till den obligatoriska skolplikten är inte underligt. Men det blir knasigt när man läser huvudargumentet, levererat av ansvarig minister:

– Utifrån exempelvis resultaten i Pisaundersökningen är det tydligt att fler elever behöver längre tid än i dag att utvecklas för att nå målen i grundskolan.

Frågan som borde ställas är varför skolan misslyckas och om det verkligen är ett år till som behövs? Låt oss säga att det är "flumskolan", otryggheten och tja – massinvandringen – som skapat problemen i skolan; hjälper det då med ett år till innanför väggarna? Naturligtvis inte. Vilket kommer visa sig om ett antal år när vi åter kommer se hur svenska skola blivit ännu sämre. Eller är det kanske så att vi blir dummare? Är barnen och ungdomarna dummare nu än för 20 år sedan och därför måste de gå ett år längre? Kanske är finska barn (där har man läroplikt) helt enkelt överlägsna svenska elever eftersom de gör bra ifrån sig på Pisaundersökningar?

Eller ... kanske finns det ett annat svar. Kanske är våra barn lika smarta som alltid men eftersom Sveriges gränser varit öppna och tusentals unga från andra länder (som saknar den grund som svenska barn står på) kommit hit och nu går i skolan, så blir konsekvensen att man behöver "längre tid" på sig. Hade man behövt "längre tid" på sig om det inte vore för massinvandring och mångkultur? Jag betvivlar det.

Någon kanske till och med funderar i de förbjuda termerna om ras och iq i sammanhanget. Om du gör det, varning utfärdas: säg det inte högt, det är nämligen olagligt. Så skulle det finnas någon sanning i det så kan vi ändå inte använda det som argument, varför problemet i sådant fall är olösligt (man kan inte lösa det man inte får prata om).

Antagligen är det en kombination av flera orsaker som lett fram till situationen vi har, varför ett års grundskola till inte kommer hjälpa ett dugg. Men det spelar inte någon roll för S och MP; eller för L och C heller. Utifrån deras perspektiv ger ett års längre skola dem ett år längre att kunna påtvinga eleverna den korrekta värdegrunden. Någon kanske tycker det är underligt att C och L går med på detta, de säger sig ju vara "liberaler". Låt oss då bara konstatera att de är liberaler med prefixet "vänster" – alltså de förenar det värsta från vänstern med det värsta från liberalismen, vilket för dem till det värsta politiska eländet som finns. De är alltså inte klassiska liberaler. Bland annat har de inga problem med att staten avgör vad som är bäst för medborgarna, så länge det som är bäst för dem är detsamma som de politiska mål partierna har.

Vänstern, å sin sida, avskyr människor som tänker själva och är fria, varför de alltid strävar efter att överflytta makten från människor till sin egen byråkrati. Därför kan "liberalerna" och vänstern finna en gemensam grund i att ta barnen från föräldrarna ett år till och tvinga in dem i den mall som är den statliga utbildningen. Ge det bara några år, så kommer vi få se att skolplikten också sträcks ut över gymnasiet.

Det kommer dock inte hjälpa eleverna ett smack, snarare tvärt om. För många av dessa arma själar blir det bara värre.

JALLE HORN
23 september 2019

Snoilsky och Sveriges karta

I "Sverige vaknar" här på Svegot diskuterade vi här om dagen vikten av historisk kunskap om vårt land. Men än viktigare är nog lite geografisk insikt om det ska gå att hålla ihop landet och känna lite gemenskap.

I min barndom var Sveriges geografi ett viktigt ämne. Då nöttes åar och älvar och landskap och skogar och sjöar in. Ja, tills namnen försvann ur minnet så småningom förstås! Men när man ser namnen ånyo, vid koll på atlas eller vid genomfart, då dyker de upp livs levande. Och det är en angenäm känsla.

Dagens dikt av Carl Snoilsky ger tillbaka lite av den där klassrumskänslan när man lärde sig Sveriges natur och geografi. Men den ger också en historisk känsla, nämligen den ofattbart stora förändringen i och med att avstånd började krympa, vilket ger en annan möjlighet till geografisk kunskap.

När vi åker bil och tåg genom landet får vi namnen serverade på skyltar, och den som tittar ut istället för på mobilen får sig de mest underbara upplevelser man kan tänka sig: sluttande åkrar med ständiga skogsbryn, djupa skogar, granitklippor, blåa sjöar, forsande åar, kullar, berg, vida hav, rapsgula fält, rågblonda fält och att ständigt mjukt böljande landskap.

Snoilskybarnet häpnar över kartans former och de ofantliga avstånd den tycks bjuda på. Generationen efter, som är uppväxt med kartor och tågets transportmöjligheter i slutet av 1800-talet, är vanare vid namn på orter m.m. och känner inte samma respekt för avstånden p.g.a. dessa nya transportmöjligheter.

Däri ligger förstås en stor vinst men också en viss risk, nämligen brist på fantasi, den fantasi Snoilskybarnet uppfylls av när han ser den stora kartan utan kännedom om tåg o.d. Fast han tröstas av att fantasins kraft är så stark att barnen även i mer tekniska och därmed mer stela tider fascineras av vårt rikes rikedom när de ser på kartan. Är den lärdomen där i klassrummet bara stark och levande nog kommer den att prägla barnet livet ut och få honom (om det är en gosse) att t.o.m. dö för sitt land. Jag hoppas att det är så än idag.

I dikten står den gamla stavningen kvar; däremot har den gamla vanan att låta varje rad ha stor bokstav ändrad eftersom det stör för mycket.

Sveriges karta

Jag ser från skolans dar en bild,
af fingrar märkt, med plumpar spilld.
På kalkad vägg i Prima,
en karta, klistrad upp på lärft,
utaf den svenska jord vi ärft,
vårt land från fordomtima.

Där låg det mellan fjäll och sjö
på Skandinaviens halfva ö,
som, när den sågs från sidan,
för vår primanska fantasi
ett utsträckt lejon kunde bli
i hvila och förbidan.

På kartan stirrade vi små,
och tanken hisnade att gå
den ändlöst långa vägen
från Ystad uppåt Torneå –
den nötte man ut järnskor på
som i den gamla sägen.

Än tänker jag mig hvar provins
i samma färger, som jag minns
från kartans bjärta gränser:
ett Skåne gult som skördefält,
ett Sörmland grönt som björkens tält,
då Värmland stålblått glänser.

Längst upp i norr ett blodrödt snitt;
där vidtog Ryssland tomt och hvitt,
och blicken återvände
till Sveas bygd med berg och slätt,
små städer liksom smultron tätt
och strömmar utan ände.

De runno här, de flöto där,
och det var vånda och besvär
att hålla hop dem alla;
i klassens mummel, läxors sus
jag hörde deras fjärran brus
för mina öron svalla.

Ur minnet gledo namnen hän
så snabbt som några timmerträn
på Västerbottens älfver,
och barnatårars salta tåg
förente sig med hvarje våg,
som genom Norrland hvälfver.

Men liksom Engelbrekt med mod
från stad till stad, från flod till flod
vi fram till målet lände.
eröfringen var lång och svår,
men nu var fosterjorden vår,
nu, då dess drag vi kände. –

Där förr vi sutto, du och jag.
Ett släkte sitter nu i dag,
som kan hvad vi ej visste.
Den som hos oss var främst i led
bland denna ungdom sjönke ned
kanhända till den siste.

Nu böjas öfver kartans blad
de hufvun små i lockig rad.
Som efter oss ta arfvet.
Hvad oss synts långt, för dem syns kort,
och alla afstånd svinna bort
i järnvägstidehvarfvet.

De läsa på det svarta nät,
som korsar älfvens blåa fjät
och genom fjället spränger.
Lokomotivets gälla sus
i flodsystemets dofva brus
på kartan in sig mänger.

Men säg, hvad tänker du därvid,
du unga ätt i ångans tid,

hvars kinder kunskap bleker?
Har väl i brinnande termin
du dörren stängt för fantasin,
som skimrar och som leker?

Nej, än mot gossens skolpulpet
hon lutar sig i hemlighet,
vår barndoms tröstarinna.
Med hennes trollglas i sin hand,
i läxans torra ökensand
skall lif och färg han finna.

Du hulda fe, du barnens vän,
i bokens bräddar måla än
din bildvärld för de unga,
åt hemmets skog och fjäll och älf,
åt järnets döda massa själf
gif så en själ, en tunga!

Och prägla lefvande och varm
en Sverges bild i barnets barm,
som mannen skall bevara,
som han skall ägna glad en gång
sin lefnads gärning eller sång
och dö för att försvara!

DANIEL FRÄNDELÖV
23 september 2019

Det börjar bli allt svårare att försvara polisen

Den svenska poliskåren blir allt svårare att försvara och respektera. Jag vill så hemskt gärna känna att våra uniformsklädda konstaplar egentligen är på vår sida.

Egentligen förstår vad som pågår. Egentligen är de goda. Men när jag läser om hur insatsstyrkan sattes in mot en mamma och hennes två små barn känner jag att min energi nog borde läggas på annat. Och när jag försöker minnas poliser som ställt sig upp och sagt ifrån mot alla missförhållanden inom kåren kan jag inte komma på många exempel alls. Kanske är det bäst att jag ser sanningen i vitögat?

"Men de poliser jag pratat med vet minsann precis vad som pågår! De är precis som du och jag, Daniel!"

Orden kommer från en lyssnare jag träffade för några veckor sedan. Han är inte ensam. Många är de som känner någon inom kåren, någon som vet hur mycket det bubblar därinne. Missnöjet är stort och väldigt många poliser av "den gamla skolan" hatar det som händer. Det kliar i deras fingrar att bara bunta ihop buset och låsa in dem, att storma förorternas stenkastare med tårgas och dragna vapen för att få slut på eländet. Men de kan inte. Ledningen har bakbundit dem.

Det må så vara. Det går att ha viss förståelse för att det kan kosta att ställa sig upp och säga som det är. Polisen bör ju bättre än någon veta vilka det är som rånar, mördar och våldtar. De vet mycket väl att det inte är "ungdomar". De vet att det är utlänningar.

Någon som faktiskt sa sanningen är Peter Springare. I sina undersökningsprotokoll var det väldigt ont om "Sven", "Johannes" och "Åke". Men väldigt gott om "Mohammed" och "Hassan".

Det blev givetvis ramaskri. Polisanmälningar och mediedrev. Vilka ställde sig upp vid Peter Springares sida när han behövde det som mest? I stort sett ingen. En och annan polis hummade försiktigt med på insändarsidor men ville gärna på samma gång påpeka att man inte ska uttrycka sig så, att polisen måste vara åh så neutral och opolitisk och var det förresten inte brist på fritidsgårdar och för lite integration som var det egentligen problemet?

Här kan man tycka att tusentals och åter tusentals missnöjda poliser hade sin chans att ryta ifrån ordentligt. Att skriva namnlistor eller att protestera eller göra…. Något. Istället var tystnaden nästan öronbedövande och det var allmänheten som fick komma till Springares hjälp, främst genom Facebookgrupper som "Stå upp för Peter Springare". En grupp som ganska fort ballade ur så pass allvarligt att Springare kände sig nödgad att ta avstånd.

Så säga vad man vill om de män och kvinnor som drar på sig uniform men så värst modiga verkar det inte vara. Varken när det gäller att ingripa mot stenkastande snorungar eller att ställa sig i mediernas rampljus för att stödja en kollega. Det är locket på och det är hysch-hysch. Kanske ansåg man att Springare bröt mot den ack så heliga kårandan när han sa som det var? Är politisk korrekthet lika viktigt att skydda som allt för batongviftande kollegor?

Och idag läser jag i tidningen Svensk Jakt om att insatsstyrkan stormat in hos en småbarnsmamma med dragna automatvapen och skrämt både henne och barnen från vettet. Lasersikten som dansar längs väggarna, maskerade polisen som stövlar in i deras hem i full skyddsutrustning. Och vad var hennes brott? Ingenting. Det var hennes sambo de var ute efter. Men sambon var redan gripen. Misstänkt för att ha skjutit… En varg.

Det kan tyckas en något överdriven insats. Och polisen har minsann anmält sig själva men inte förrän Svensk Jakt tog upp händelsen. Man blir äcklad och man blir arg när man får läsa mamman berätta att hennes fyraåring inte längre vill åka hem. Att han börjat kissa i sängen igen. Att hans trygghet är tagen ifrån honom. Tagen av de som ska vara folkets beskyddare. Allt på grund av ett misstänkt jaktbrott.

Det känns som vi, befolkningen, och poliskåren kommer allt längre från varandra. Det är de och det är vi. Det är en farlig utveckling för ju mer vi lär oss hata dem, desto mer fjärmas polisen från oss och på det viset blir det lättare att begå övergrepp mot oss.

Det vore så otroligt skönt att känna att även om polisen kanske inte är med oss så är de inte emot oss. Tyvärr är det i precis den riktningen vi går. Polishatet frodas och det är lätt att förstå när man läser om denna sortens övergrepp. Men det är ännu inte försent.

Det krävs bara att ni, kära poliser, gör er hörda. Både när det gäller övergrepp men även mot de dimridåer som sprids kring brottsligheten. Det är ert land med och ju sämre det går för svenska folket ju sämre kommer det gå även för er. Vi borde arbeta tillsammans, inte mot varandra.

Så snälla, säg något. Men skynda er.

DANIEL FRÄNDELÖV
24 september 2019

Gamla får frysa när Motala ska spara

Kommun efter kommun krisar och när det slösas pengar på migranter måste man dra ned på något annat. Motala är i ett så pass desperat läge att man sänker värmen i alla kommunens byggnader – inklusive äldreboendena – för att spara några kronor. Men pengar till "föräldrastöd" till utlänningar, kulturprojekt och arbete mot segregation finns det givetvis. Mycket pengar.

Det heter att det beror på "felaktiga prognoser om pensionsutbetalningar" och "dålig uppföljning av ekonomin". Kris är det hur som helst. Motala gick 20 miljoner minus 2018 och nu måste det sparas in och det rejält.

Lediga tjänster tillsätts inte, man slår ihop förvaltningar, anlitar färre vikarier och sparar in på äldreomsorgen. Inget verkar heligt. Inte ens en sådan grundläggande sak som behaglig värme till de äldre.

För att spara in några kronor har kommunen beslutat att sänka temperaturen i samtliga lokaler man använder till 20 istället för 23. Trodde du att bara för att du arbetat och betalat en av världens högsta skatter hela ditt liv att du skulle slippa mössa och strumpor inomhus? Glöm det. Det är faktiskt 2019 och då har inte välfärdsparadiset Sverige råd att ge de som mest behöver det en behaglig inomhustemperatur. Lär dig sticka, gamling! För strumpor lär du väl ändå inte ha råd att köpa med tanke på de låga pensionerna.

Förvaltningschefen Fredrik Feldt erkänner till Aftonbladet att nyheten inte tagits emot direkt positivt. Men, säger han, det handlar ju inte om att sänka temperaturen till 16 grader. Själv har han redan 20 på sitt kontor och tycker det går bra, även om vissa medarbetare klagar på att det är kallt.

Det är relativt unga och friska medarbetare får man anta. Och de tycker det är kallt.

Hur påverkar då detta de äldre? Faktum är att 20 grader är för lågt för äldre enligt folkhälsostyrelsen.

"Temperaturen inomhus ska ta hänsyn till människor som har behov av en varmare temperatur inomhus. För känsliga grupper gäller att temperaturen minst bör vara 2 grader högre. Exempel på känsliga personer är äldre, handikappade, rörelsehindrade eller människor med låg ämnesomsättning."

Motala bryter alltså mot de rekommendationer som gäller. Hur mycket förväntas man spara in på detta? Tidningen Svegot får kontakt med enhetschefen för fastigheter i Motala, Carl Melin.

"Grovt räknat görs en besparing på c:a 5% om man sänker inomhustemperaturen med 1 grad. Det är givetvis varierande beroende på objektets förutsättningar avseende uppvärmningskällor och övriga tekniska förutsättningar. Temperatursänkningarna som görs kommer vara inom godkända gränsvärden där vi tidigare haft värmekurvor en bit ovanför givna gränsvärden.

Sänkningen av huvudkurvan på 1 grad innebär inte att vi går ner i temperatur till gränsvärdet. Vi har fastigheter, beroende på verksamhet, där kurvorna ligger ett par grader över gränsvärdet och att göra korrigeringar i kurvorna där, är ett steg av flera där vi har möjlighet att göra besparingar utifrån uppställt sparbeting."

Tyvärr får vi inte en siffra av Melin, utan får bara veta att kommunen sparar fem procent per grad. Vi ställer några följdfrågor för att få reda på mer exakta siffror, och frågar även om kommunen tagit hänsyn till folkhälsomyndighetens rekommendation angående temperatur för äldre. Carl återkommer och säger att någon summa är svår att räkna ut samt att man givetvis tar hänsyn till folkhälsomyndighetens rekommendationer och att man "efter slumpmässiga uppföljningar ligger över gränsvärden trots korrigerade kurvor". På ren svenska betyder detta att kommunen hoppas att det inte blir under 20 grader.

Fem procent per grad gånger tre grader blir femton procent. Vad kommunens budget för värme är verkar inte gå att få reda på men man kan nog utgå ifrån att det inte är några hiskeliga summor som påverkar underskottet på 20 miljoner speciellt mycket.

Det är inte bara de äldre som får huttra, även personer inom sjukvården som av hygienskäl måste bära tunna kortärmade kläder kommer nog sakna sommaren mer än vanligt när höstkylan kommer. Men de kan, till skillnad från många äldre, tillreda varm mat och dryck eller få upp värmen genom att röra sig.

På tal om varm mat. Den dras det givetvis in på. Varm mat kommer inte serveras till seniorer längre utan ersätts med mikromat. Det är ännu bara på förslag men med tanke på ekonomin i kommunen så gott som garanterat att gå igenom.

Så. Vad kostar då? Jo men det vet vi ju alla. Det är "flyktingar". Det erkänns till och med väldigt kort när Aftonbladet talar med kommunalrådet Kåre Friberg. Motala får lite extraslantar för detta men det räcker inte på långa vägar. Samma Kåre Friberg påpekar även att de gamlingar som fryser kan ta på sig filtar för att slippa frysa.

Migranterna kostar så oerhört mycket pengar genom allt från hyror till socialbidrag till fler läkare, lärare och poliser. Men vurmen för integration kostar även på mer oförståeliga och vansinnigt slösaktiga vis.

Den som känner sig modig nog att klicka sig in på Motala kommuns hemsida och navigera sig till avdelningen för invandring och integration får anledning att sträcka sig efter magsårstabletterna. För pengar finns. Gott om pengar.

Den 7 juli fick Motala 900 000 kronor till ett projekt riktat mot "nyanlända". Det gäller familjer med barn mellan 0-17 år som anses behöva "stöd i sitt föräldraskap". 900 000 blir mycket värme skulle jag tro. Kommunen gläds dock över denna stora satsning enligt hemsidan, eftersom den främjar integrationer.

Det är dock en låg summa om vi jämför med de 3,3 miljoner som Allmänna Arvsfonden skickat till Motala kulturskola. Dessa pengar ska läggas på musikpedagogik till små barn. Förvisso kanske inte en oviktig satsning men jämfört med kall, åldrande hy känns den ju något felprioriterad.

Båda dessa satsningar bleknar dock bort helt när vi ser att 25 miljoner kronor anlänt till Motala från myndigheten Tillväxtverket. Det är alltså mer än kommunens hela underskott. Pengarna ska under tre år satsas för att motverka segregation och det är väl ungefär det man kan säga om det utan att riskera att bryta mot allsköns lagar om hets mot folkgrupp. Provocerande, äckligt och närmast omänskligt är det i landet där "allas lika värde" gäller så länge du inte råkar ha vit hud. Då är ditt värde lågt, så lågt att din vita hy riskerar att bli blå av kyla.

Givetvis handlar detta om olika budgetposter och olika bidrag som inte får användas hur som helst. Poängen är att det faktiskt, trots allt, inte är speciellt ont om pengar hur konstigt det än må låta. Det är bara en fördelningsfråga. I Sverige väljer makten att fördela pengarna till integrationsprojekt hellre än att låta de som byggt landet ha det varmt. Så är det. Så har det röstats fram, och till stor del är det faktiskt de pensionärer som nu fryser som krattat manegen för dessa beslut. Kanske borde man helt enkelt rycka på axlarna och fnysa att de får skylla sig själv. Så kallt har dock inte mitt hjärta blivit än.

Man kunde ju önska att Fredrik eller Kåre eller Gunnar eller Gösta eller vad nu lokalpolitikerna heter sade ifrån och helt enkelt instruerade sina ekonomer att flytta pengarna. Att ställa sig upp på mötet, dra näven i bordet och påpeka stundens allvar. "Nu får det vara nog", skulle denne namnlöse lokalpolitiker så kanelbullsmulorna flög ur munnen på honom.

"Nu får det vara nog! De gamla riskerar att frysa och vi har flera miljoner som ska slösas på dessa utlänningar som inte gör något nytta! Nu skiter jag i vad staten och regelboken säger! Mitt jobb är att ta hand om kommunens svenska invånare! Nu flyttar vi pengarna vi fick från Tillväxtverket och lägger de på viktigare saker! Och det blir ingen musikpedagogik heller! Skicka den där jävla musikläraren till mig om han klagar så ska jag köra upp hans hästsvans där solen inte skiner!"

Spontana applåder bryter ut. Någon torkar en tår. Gammelmedia försöker hudflänga honom men folket står bakom denna hjälte. Motala blir, likt Sölvesborg, en kommun som visar vägen ut ur det statliga förtrycket.

Så skulle det kunna se ut. Men än har vi inte nått den gräns där kanelbullarna börjar spruta ur munnen på lokalpolitikerna. Men en sådan gräns måste finnas, och vi närmar oss den varje dag.

Varje huttrande pensionär, varje förkyld undersköterska och varje integrationsåtgärd för oss närmare denna gräns.

Kanelbullesprutargränsen.

Dagen efter denna artikel skrevs backade Motala kommun och meddelar att de inte tänker sänka temperaturen lägre än 22 grader på äldreboende.

EVA-MARIE OLSSON
24 september 2019

Vem vill sitta med Svarte Petter?

Vem minns väl inte sällskapsspelet "Svarte Petter" det där kortspelet där ingen ville sitta med den svarta figuren på handen när spelet var slut, för gjorde man det då var man en förlorare? Idag kan man likställa hela det svenska politiska etablissemanget med familjen som spelar Svarte Petter.

Med kort på hand försöker man med olika finter få "grannen" att nappa tag i det försmädliga kortet, kortet som gör att man förlorar hela spelet. Vi kommer väl alla ihåg hur man med "oskyldig" min låtsades att man inte hade den när man hade den. Svarte Petter var något man skulle lura bort, till någon annan.

Att vara den som satt med fulkortet när alla de löjliga familjerna var hopsatta och undanlagda kändes inte bra, och ny omgång krävdes, igen, och igen. Vi skrattade åt förloraren. Ingen ville ha honom, den där Svarte Petter, man ville bara skyffla över till nån annan. Storebror stirrade på ett av sina kort, som lurade lillebror att plocka åt sig det kort som var strax bredvid, Svarte Petter. Medan lillebror i sin tur duperade lillsyrran att ta kortet som stack upp över de andra, Svarte Petter.

Lillasyster gav upp ett illvrål, hon välte stolen och sprang storbölandes och gömde sig bakom gardinen, bröderna skrattade så de kiknade, mamma gick ut i köket och satte på kaffet, medan pappa försökte att medla och förklara att detta sällskapsspel Svarte Petter var ämnat att vara roligt, och att lilla Stina kanske vann nästa gång. Farfar vaknade till med ett ryck där borta i fåtöljen, och undrade ifall det var bombanfall.

Det var på sitt sätt ett ärligt spel, det fanns ingen runt spelbordet som skulle komma på tanken att det på något sätt var värdefullt och roligt att hjälpas åt att bära bördan av "Svartepetterförnedringen". Stå ditt kast, du valde fel och har honom, en himla otur men så är det. Du förlorade förlorade förlorade förlorade!

Men, nu framträder ett annat spel, spelet spelas kring de "fina taburetterna" där makten finns. Det framträder ett spel ur de otaliga politiska fulspelen, ett spel som tydligt går att kännas igen. Där makten finns kan man se svurna fiender taktiskt gå samman. I politikernas låtsasvärld spelas Svarte Petter med riktiga människor.

Främlingar från fjärran länder som på kort tid kommit och kommer hit till Sverige i massor beskrevs av svenskföraktande svenska politiker vara som näst intill sänt oss som Gudagåva, en gåva från högre makter åt oss svaga, tröga, rasistiska bombade svenskar. Dessa främlingar som tills alldeles nyss enligt övervägande av de folkvalda, främlingar som var så himla bra för oss förvandlas nu i rask takt och inför öppen ridå till Svarte Petter.

Hänger vi med i svängarna? "Mångkulturellt samhälle, vi måste bli fler (men då inte fler svenska barn) utlänningar måste till, öppna hjärtan, alla ska med, Sverige allas land, Sverige ett rikt land, , utlänningar tillför, vi har plats, vi har råd, vårt land blir så mycket mer spännande, berikning berikning berikning, endast en liten ansträngning…"

Kommun efter kommun tvingas i dessa dagar att visa korten, korthusen faller, faller en fallera falleralla. Vill någon kommun ta emot, ta över andras "Gudagåvor" och egentligen sitta med det som ingen vill ha, finns det någon kommun som på allvar menar att importerad brottslighet kommer väl till pass för vårt folk, och finns det fortfarande politiker som anser att den belastning på vårt välfärdssystem som den förda invandringspolitiken ger för handen, att den är till godo för vår nation?

Det vi har att beakta och göra det bästa för, är vårt folk och vårt land. Sverige är ett litet land på vårt jordklot, vi svenskar har endast ett land som vi kan kalla vårt. Det kommer att kvitta ifall Svarte Petter hamnar i Ystads kommun, eller ifall han hamnar i Haparanda. Svarte Petter ska resa hem!

MAGNUS SÖDERMAN
24 september 2019

Biblioteksnormerna besegrades – varför jublar inte personalen?

Den överideologi som varit rådande inom svensk bibliotekskultur har utgått från "vardagsrumsparadigmet" – tysthetsnormen skulle bekämpas. Det var "von Oben" och konservativt att vilja ha ordning, lugn och ro. De fick som de ville, men då var det inte så kul.

Vi minns debatten för ett par år sedan då det skrevs en hel del om stöket på biblioteken. Debatten kom sedan att handla om bibliotekslagen och huruvida det ska (eller inte ska) vara "tyst" på biblioteken. Nu har det aldrig varit något egentligt problem med ljudnivåerna. De flesta blir lite tystare och lugnare på biblioteken, precis som i kyrkan. Och om någon störde sa man till, så var det bra med det. Men när debatten kom igång blev det politik av det hela och vips var all sans och vett borta. Som vanligt alltså när vänsterliberaler ska försvara dårskap.

Niclas Lindberg, generalsekreterare för Svensk biblioteksförening, ifrågasatte "tysthetsnormen" och menade att denna bröt mot bibliotekslagen. Enligt denna lag ska biblioteken vara "för alla" vilket enligt honom också innefattar högljudda störiga typer, får vi antaga. Men återigen, det var inte problemets kärna. Inte heller var problemet att unga personer som frös eller hade tråkigt kom till biblioteken och satt där med sina vänner ett tag … eller snarare, det var ett problem eftersom dessa uppenbart inte kunde sköta sig.

Jag själv var en hel del på bibblan när jag var yngre. Vi kunde gå dit några stycken när vi hade tråkigt, sätta oss i ett hörn, bläddra i böcker eller serietidningar och prata lite tyst. Var vi för högljudda så sa man åt oss och vi hörsammade. Att ge oss på personalen fanns inte på kartan. Nu förtiden är det inte sådana som vi som använder biblioteken som sitt privata vardagsrum. Med sådana som vi menar jag svenskar. Det vet alla, som vanligt. Visst, en eller annan Svenne finns med när det stökas, men det är just en eller annan.

Att vi vet det beror på att vi vet var biblioteksproblemen först uppstod – alltså på vilka platser. Dessa har en gemensam nämnare som du redan listat ut. På andra platser i vårt avlånga land finns inte dessa problem alls.

Men som vanligt är det inte grundproblemet man tar upp utan det blir meningslösa diskussioner om meningslösa petitesser, som om hur bibliotekslagen ska tolkas.

Vi förlorade striden om biblioteksnormen och företrädarna för "vardagsrumsparadigmet" vann; mest för att anhängarna av detta faktiskt var de som arbetar på biblioteken och får göra lite som de själva vill. Vi andra skippar helt enkelt att gå till dem om vi inte måste och ränner hellre till privata antikvariat eller boklådor på nätet för att tillfredsställa vårt lässug.

En annan orsak var också att problem i allt väsentligt var begränsade till områden som de flesta svenskar ändå undvek och eftersom biblioteken hemmavid inte var drabbade så ... ja, då fick det vara.

Så gick det några år och mycket hann hända. De visade sig att det inte var någon bra idé att vara progressivt vänster på biblioteken heller. Pöbeln fick makten och en intressant kombination av massinvandring och ökad social utsatthet för grupper som redan var utsatta (samt utraderandes av "tysthetsnormen") leder oss fram till där vi är idag.

Det visar sig nu att arbetsmiljön på biblioteken försämrats rejält och såväl hot som slagsmål blivit vanligare. Nina Pascol är bibliotekarie i Helsingborg och hon säger till SVT:

– Hotfulla situationer kan hända när som helst. Det går nog inte att vara helt förberedd.

Enligt henne är det framförallt stök kring personer som lider av psykisk ohälsa (tur att vi lade ner institutionerna i och med psykiatrireformen 1995) eller personer med missbruk. Faktum är att detta är den enda förklaring som ges. Inte ens de gamla vanliga skyldiga, "ungdomsgängen", nämns denna gång. Men vi minns allt hur det lät 2014 då det var på tapeten senaste gången så jag vågar gissa att dessa "ungdomar" fortfarande finns med på ett hörn.

Bibliotekarierna har fått som de ville så det är inget att arga upp sig över. Normerna bröts och resultatet blev som vi visste att det skulle bli. I Helsingborg har man personlarm på sig och på andra ställen finns det väktare närvarande om det skulle spåra ur. Problemen är inte lösta för det, så klart. Men det följer ett mönster i samhället. Ju längre den vänsterliberala ordningen får råda, desto mer begränsas friheten i samhället och ju förre murar vi har mot omvärlden, desto fler "murar" tvingas vi bygga i samhället.

Bibliotekshaveriet följer också samma mönster som alla andra haverier. Polisen hade auktoritet en gång i tiden, sedan blev man "progressiva" och genuscertifierade och skrev Aina på bilen medan man twerkade på Youtube, nu undrar de varför ingen tar dem på allvar. Lärarna hade auktoritet en gång i tiden, sedan bestämdes det att eleverna skulle bestämma, att tillsägelse var kränkande och nu undrar de varför eleverna ber dem fara åt helvete. Samma sak med biblioteken. Och så vidare. Det krävs ingen högre utbildning för att begripa varför det går som det går, eller hur?

Och visst finns det en eller annan polis, lärare och bibliotekarie som röstat rätt, som röstat svenskt – det är synd och skam att de drabbas. Men de flesta har röstat (och fortsätter att rösta) på Sjuklövern. Gör man det, ja, då får man vad man förtjänar.

JALLE HORN
25 september 2019

Go with the flow

Nationalister och andra inom den sunda högern kan ge sig tillvaron hän och flöda med den. De politiskt korrekta däremot hämmas av ideologi, som är så ansträngande att de förlorar förbindelsen med det naturliga.

Det talas med jämna mellanrum om en stor fördel som vi nationella – och även andra som befinner sig bortom PK-kasten – har, nämligen sanningen på vår sida. Journalisterna ljuger febrilt, våra politiker ljuger mest hela tiden, alltför många akademiker vrider sönder kunskapen när de låter sin forskning genomsyras av ideologi. Den politiska korrektheten tär sönder sanningen, allt för att korrumpera och få folk att känna sig uppfyllda av falsk moral, den simpla känslan att vara bland dem som tror det som är rätt för stunden.

För ett par år sedan baktalades Pisa-undersökningarna eftersom man tyckte att de inte visar kunskapsnivåer korrekt. I alla fall inte för elever i svensk skola eftersom de efter ett par decenniers massinvandring och misslyckad skolpolitik sjunkit drastiskt i internationella mätningar. Nu däremot använder man sjunkande resultat som ett argument för att cementera den misslyckade politiken. För några årtionden sedan skulle alla frukta ett kyligare klimat på jorden, nu ska alla slås av panik för varmare väder. Listan kan göras lång, men jag vill inte trötta någon.

På högerfronten har vi inte de problemen eftersom vi har sanningen på vår sida. Vi kommer inte med ständiga lögner. Vi säger saker vi tror på, vi analyserar läget, vi kanske feltolkar något ibland – men vi ljuger inte.

Även rätten är på vår sida. Våra förfäder har byggt landet och gett det vidare till sina barn, varmed vi så småningom har ärvt det. Och ingen främmande makt har erövrat landet. Att vi står för vår rätt för vårt land när dagens politiker av allsköns färger ger bort hela kakan är helt naturligt. Liksom vår strävan för vårt folk och dess välgång! Dagens politiker är däremot usurpatorer som bortser från folkets vilja och ständigt försöker dölja sina missgärningar.

Men det finns ännu en fantastisk fördel i att inte sprattla i ideologiska träskmarker. Vi kan låta tillvaron flyta genom oss eller vi genom tillvaron. Vi kan släppa taget och bara flyta med när vi agerar. Handlingen sköter så att säga sig själv. Vi är naturliga och fria. Vi kan, som det kallas på lite fånig anglosaxiska, go with the flow.

De politiskt korrekta styrs av ideologi eller snarare tyngs av politisk korrekt ideologi. Det hämmar dem eftersom det är så ansträngande. Att hela tiden behöva stoppa fingret i vädret och känna och fundera på vad som gäller för stunden är ansträngande. Att vara rädd för att man säger fel är ansträngande. Att säga de ideologiska PK-lösenorden är ansträngande. Det är helt enkelt oerhört jobbigt att hela tiden vara ideologisk korrekt. Men måste vara på sin vakt, man måste vara ajour, man måste kommentera (och gärna angripa) andra som ett tecken på att man tror rätt. Istället för att bara vara det man är!

Det var den värld medborgarna i de forna kommunistländerna i Central- och Östeuropa levde. I 30-talets Sovjetunionen skapade den sortens hysteri rent av en nackskottshysteri. Snubblade man det minsta på orden angreps man av nästa vilket resulterade i nackskott. "Nästa" belönades men missade ett ögonblick att vara på sin vakt, varmed nackskottet var ett faktum. En situation som stegrades in i det absurda.

När den värsta hysterin lagt sig lite lärde sig medborgarna att hantera dårskapen, fast till priset av möjligt vansinne. Att skratta kunde vara farligt, så en bisarr, torr humor utvecklades. Ord var farligt, så ögonkast kunde betyda mycket. Att glömma ett "marxismus-leninismus" kunde vara ödesdigert varmed man tvingades låta tillvaron styras av absurda formler. Att gå emot partiets linje kom inte på tal, även om Tjernobyls kärnkraftverk står inför härdsmälta – i sådana lägen gäller förnekelsens makt. Tillvaron var givetvis genomsyrad av galenskap, men för att överleva gavs tillvaron en viss logik. Fast ansträngande var det.

Den sortens ansträngning slipper den som inte är ansatt av den politiska korrektheten. PK följer liknande regler som i de gamla kommunistländerna, även om priset än så länge inte är riktigt lika högt. Men ansträngningen är lika hög. Man tänker oaktat på Nietzsches resonemang om "Tyngdens ande" i Så talade Zarathustra. Nationalisten och andra som följer naturen – historiens och tillvarons naturliga flöde – däremot behöver inte anstränga sig varje sekund för att leva upp till konstgjorda krav, som dessutom bara förstör.

Det är en underbar känsla, och att vara medveten om känslan innebär en fantastisk glädje. Det är som när man utan hämningar säger till en person man aldrig träffat att hon (eller han) är sagolikt vacker.

MAGNUS SÖDERMAN
25 september 2019

Donald Trump är fortsatt viktig och bra för oss

Man kan tycka lite si och så om hur Donald Trump skött presidentskapet hittills. Men oavsett vad man tycker om olika beslut, uttalanden och handlingar så är det tydligt att han – trots allt – fortfarande gör stor nytta för den nationella oppositionen.

Många har sagt sig "hoppa av" Trumptåget efter att det visat sig att muren som skulle byggas snarare är reparationer av befintliga installationer; att Israel var det som sattes "främst" och inte Amerika eller att lojala Trumpsupportrar behandlas illa av Antifa utan att ens en FBI-utredning satts igång eller det lokala SWAT beordrats rycka ut. Med rätta är många besvikna. Men man ska inte kasta ut barnet med badvattnet.

Hur världen sett ut om Hilary Clinton vunnit vet bara gudarna. Men med tanke på hennes krigsretorik och fullständiga underkastelse inför den djupa staten så är det inte långsökt att Mellanösterns stått i lågor, istället för som nu, då läget är relativt stabilt (sett till regionen över tid). Inte heller vet vi hur Nordkoreas relation med omvärlden sett ut. Men allt om detta är bara spekulationer.

På samma sätt är våra försök att tänka oss USA under Clinton och inte Trump spekulationer. Men att den vänsterliberala agendan kunnat slå klorna än djupare är ju självklart. Hade kampen stått mellan Clinton och någon av de andra kandidaterna – Jeb Bush exempelvis – så hade utgången varit relativt ointressant. Med Trump kom något helt nytt och det märktes redan i valrörelsen. Och även om han inte levererat så som vi vill så har han ändock gjort mer för oss än de flesta.

Det finns många godbitar, som när han kallade sig själv nationalist; de gånger han sågat vänsterliberaler med fotknölarna; hans attacker mot gammelmedia och så vidare. Eller varför inte, då han fick utrikesminister Pompeo att försvara den nationalistiska idén inför världssamfundet? Att Trump också öppet talat ut mot det politiska träsket, den djupa staten och ställt sig på "vanligt folks" sida (även om han inte levererat) har gjort avtryck.

Under de år som Trump hittills suttit i Vita Huset har han flyttat fram vår sak mer än vad han själv vill antagligen. Och det ska vi alltid känna tacksamhet för.

Och nu har han gjort det igen. Inför ett samlat FN försvarade president Trump nationen som idé, igen. Han sa bland annat:

– Liksom mitt älskade land har varje nation representerad i denna sal en ärofylld historia, en kultur och ett arv som är värt att försvara och hylla och som ger oss vår enskilda potential och styrka. Den fria världen måste omfamna sitt nationella fundament. Inga försök får göras för att radera eller ersätta det.

Detta är en direkt attack mot det vänsterliberala etablissemanget som försöker att utradera nationerna och införa sin enade nya värld. Vidare sa Trump:

– Över hela denna fantastiska planet är sanningen öppen att beskåda. Om du vill ha frihet, var stolt över ditt land. Om du vill ha demokrati, håll fast vid din suveränitet. Och om du vill ha fred, älska ditt land. Kloka ledare sätter alltid sitt folk och sitt land först.

Han gör hänsynslöst ner i princip varenda västerländsk politisk ledare med den kommentaren och igen, vad man än själv tycker så är det USAs president som säger det. Det är inte kattskit. När presidenten talar så lyssnar världen, vare sig de vill eller inte och alldeles oavsett vad de tycker om honom. Ytterligare ett citat från talet i FN är värt att lyfta fram:

– Framtiden tillhör inte globalister utan framtiden tillhör patrioter. Framtiden tillhör suveräna och självständiga nationer, som skyddar sina medborgare, respekterar sina grannar och hedrar de egenskaper som gör varje land unikt.

Enligt Expo och diverse judiska organisationer är ju ordet "globalist" ett kodord för judar. Om det är fallet så står USAs president och talar ut mot judarna. Det måste ju framkalla rysningar av vällust hos varje antisemit därute.

Sist men inte minst sa han också:

– I dag har jag ett meddelande till de öppna gränser-aktivister som sveper in sig själva i en retorik av social rättvisa: Er policy är inte rättvis, den är grym och ond.

Kanske är det bara ett försök av Trump att finna tillbaka till sina följare, alla som känner sig svikna av löftena som aldrig uppfylldes. Antagligen lyckas det också och tur är väl det. För utifrån vårt perspektiv vore det alla tiders med fyra år till av Donald Trump. Bara det faktum att det skulle gråtas tårar igen och en eller annan vänsterliberal skulle överväga självmord är värt det.

Mer värt är dock att presidenten gör nytta för vår sak. Han är en del av vår opposition eftersom våra motståndare har placerat honom där. Som med så mycket annat är det upp till oss att arbeta med den giv vi för tillfället fått slängd till oss. Vi måste maximera nyttan av vad helst som slängs emot oss. För att göra det måste vi se nyktert på tillvaron eftersom vi först då kan se hur vi ska använda exempelvis Trumps senaste uttalanden.

Att USAs president säger som Trump sa är stort. Återigen: han är president för USA. Han har fört fram nationalismens, antiglobalismen och motståndet mot massinvandring på agendan igen. Låt oss utnyttja det maximalt på alla sätt vi kan. Och – låt oss hoppas på fyra år till med Donald Trump i Vita Huset.

DANIEL FRÄNDELÖV
26 september 2019

Framstående psykolog orolig för Greta Thunbergs mentala hälsa

Efter klimataktivisten Greta Thunbergs uppmärksammade tal i FN förra veckan är det många som ifrågasatt lämpligheten i att en 16-åring används som ansikte utåt för världens påstått kommande undergång. Och det är inte bara kritiker som ifrågasätter cirkusen kring henne. En av Australiens mest framstående psykologer säger att Thunberg löper stor risk för allvarliga psykiska skador, likt de man ofta ser hos barnstjärnor.

Hela världens ögon verkar riktade på Greta Thunberg. Hennes engagemang för klimatet har inspirerat tusentals människor världen över att demonstrera och strejka för klimatets skull. I hennes tal i FN under förra veckan skrädde hon inte orden utan gick mycket hårt åt mer eller mindre hela vuxengenerationen som, enligt henne, förstört hennes barndom.

En av Australiens mest framstående psykologer håller med om att Greta Thunbergs barndom kan vara förstörd, men skyller det inte på vuxengenerationen utan istället på den stab kring henne som sett till att hon blivit världskändis och därmed riskerar att skada henne för livet. Dr Michael Carl-Gregg medverkade i radioprogrammet "3AW" i onsdags och berättade där om hans oro för 16-åringens mentala hälsa:

– Jag är orolig för att hon kommer gå samma väg som barnstjärnor gör. De bränns ut och då riskerar man katastrofala psykologiska skador.

Carl-Gregg påpekar att han inte är någon "klimatförnekare" utan tycker tvärtom att vi måste göra mer för att rädda miljön. Men att varna för domedag och undergång så som Thunberg gör är överdrivet, och sprider ångest bland andra unga.

– Hon verkar ha blivit fast i ett domedagsscenario där hon fullständigt överdriver effekterna av klimatförändringar. Detta ger våra unga existentiell ångest och därför ger de sig ut i skolstrejker när de istället borde stanna i klassrummet och lära sig saker.

Han är inte direkt imponerad av de som utnyttjar Thunberg:

– Hon befinner sig nu i mitten av denna Greta-fobi, eller "Greta-mania". Där bör ingen 16-åring befinna sig. Men det är egentligen inte Greta jag kritiserar utan hennes föräldrar och aktivisterna runt henne. De utnyttjar henne helt skamlöst. Vänstern kan vara väldigt skenhelig.

Det Thunberg främst behöver är behandling mot de psykiska sjukdomar hon sagt att hon lider av, påpekar Carl-Gregg. Hon har tidigare berättat att hon utöver sin asperger även lider av anorexia och depressioner, vilket gör henne till en extra olämplig kandidat till att bära hela världen på sina axlar.

Men Thunberg tar inte bara ifrån unga deras framtidshopp, ger dem existentiell ångest och ser till att de missar sin utbildning. I sitt FN-tal visade hon även att en ungdom kan tilltala vuxna på ett mycket nedsättade sätt utan konsekvenser, något som även det riskerar att sprida sig vidare.

– Det skickar ett meddelande till andra ungdomar att man får tilltala vuxna på detta mycket, mycket nedlåtande sättet.

Men det är svårt att kritisera henne på grund av hennes kön och hennes ålder. Vem har egentligen rätt att ifrågasätta en ung svensk tjej som bara vill rädda världen från undergång? Egentligen ingen, som det verkar.

– Vi ska bara lägga oss ned och acceptera allt hon säger.

Dr Carl-Gregg är inte ensam om sin kritik och flera andra experter har uttryckt liknande oro för inte bara Thunbergs välmående utan även alla de ungdomar hon påverkar.

Kanske gick Greta-cirkusen lite för långt i talet för Förenta Nationerna? Det kan tyckas självklart för en sansad betraktare men risken är tyvärr hög att hysterin istället lägger in en extra växel.

För, som sagt, vem har rätt att kritisera en ung flicka som kämpar för jordens överlevnad? En som tar sig rätten är ialafall Dr Carl-Gregg och vi får hoppas att många, många, fler följer i hans fotspår.

Om inte annat så för Gretas skull.

JALLE HORN
26 september 2019

Varning för opinionsundersökningar

Opinionsundersökningar är bedrägliga. De skapar känslor av besvikelse och övertro på framgång. När alternativmedia använder dem i rubriker blir det ofta lite tabloidvarning. Kanske gynnar de sossarna mer än t.ex. SD.

Media bjuder med jämna mellanrum på opinionsundersökningar, antingen efter att ha gjort dem själva eller fått informationen av opinionsinstitut. De publicerade resultaten har blivit en rätt stor grej i alternativmedia. Men sådan rapportering är rätt bedräglig. För egentligen, vad åstadkommer resultaten? Hur publiceras de i media? Vad ger tidningsrubrik och artikelinnehåll för indikationer på läget? Och hur reagerar läsarna?

Framför allt är det Dicken och Fricken på Samtiden och Nyheter idag som på klarspråkssvenska runkar loss till opinionsundersökningar. Där blåses de allt som oftast upp rejält. I Nyheter idags fall extra mycket om Fricken själv varit med och gjort undersökningen ifråga. Då blir det stora, fräsiga rubriker, större delen av sajtens förstasida samt plusartikel. Dicken i sin tur drar genast igång resonemang om regeringens snara fall och konservativa block.

Men även de andra alternativsajterna rycks ibland med och slår på stora trumman. Här om dagen löd rubriken i Fria tider så här: " Åkessons seger: Får lika högt förtroende som Löfvén". Novus/SVT har undersökt förtroendet för respektive partiledare och fått svaret att Löfvén har backat från 34 till 29 procent medan Åkesson ökat till 29 procent.

Den här gången var Samtiden faktiskt mer moderat: "Åkesson ökar, Löfvén tappar i förtroende". Fast vi väntar på Dickens analys, troligen något i stil med en fyra dagar tidigare artikel där han resonerar huruvida Vänsterpartiet kommer att fälla regeringen. Som om det kommer att hända!

Det är uppenbart att sådana rubriker och resonemang skapar mycket höga förväntningar. Inför valet spåddes SD att kanske komma upp till nästan 30 procent men landade på 17,5. Alternativ för Sverige troddes kunna komma in i riksdagen men fick under 1 procent av rösterna. Förväntningarna var enorma – och besvikelserna blev enorma.

Vidare skapar de höga opinionssiffrorna och förväntningsfulla rubrikerna inbillningen att det går så bra för SD eller att folkviljan om slopad invandring skulle respekteras. Eller tron att sossarna ska börja oroa sig. Men det har sällan visat sig vara fallet. Särskilt meningslösa är här opinionssiffror mellan valen. Sossarna vet hur man hanterar makten när de väl sitter där och spelar lätt ut sina motståndare; de blir knappast rädda. Och att de skulle lyssna till folkviljan? Det har de aldrig gjort.

Det enda bra med opinionsundersökningarna i det fallet är att de uppmärksammar t.ex. SD så att folk inte glömmer bort att de finns och på sätt och vis frodas. Men siffrorna och skriverierna spelar på folks känslor på ett dåligt sätt; de svävar mellan hopp, besvikelse, förtröstan, förväntningar, glädje, nedstämdhet o.s.v. Sådana svängningar är dåliga för alla parter – utom sossarna som sagt.

Särskilt rubriksättningar till opinionssiffror är ofta förrädiska. Därmed riskerar man göra sig till tabloid. Skriver man "Åkessons seger" när det inte är någon seger, då vill man blott locka läsare med falska drömmar och falskt budskap. Det är sant att alternativmedia måste locka läsare och upprepa viktiga budskap gång på gång eftersom svensken sover, men falska budskap vaggar in eller skapar i längden besvikelser och tristess.

Därför säger jag som The Golden One: sluta runka (till opinionssiffror)!

MAGNUS SÖDERMAN
26 september 2019

"Äntligen" ska Medelhavsmigranterna spridas ut över hela Europa

Sedan en tid tillbaka är det buisness as usual på Medelhavet. Människosmugglarna förklädda till räddningspersonal har startat upp fartygen på nytt och skytteltrafiken med "flyktingar" från Möna kommer sakta men säkert igång. Och EU lovar att fördela människomassorna över kontinenten.

Som vanligt har man inte bekymrat sig om vad européerna tycker om detta. Det är inte intressant nämligen. Det viktiga är att eurokraterna kan driva igenom sin vilja att för evigt förvandla Europa till en smältdegel. Det finns inget bättre än ras-, kultur- och historielösa medborgare för den som vill ha makt och pengar. Om man därtill kan få européer (vana vid en viss standard, viss lön etc.) att tvingas tävla med människor från tredje världen om jobb så är det ju ännu bättre. Att tryggheten försvinner på kuppen och att det uppstår enorma splittringar mellan människor, spelar ingen roll för den som skrattar hela vägen till banken (eller kontoret i Bryssel), eller omfamnar den vänsterliberala dogmen och det politiskt korrekta paradigmet.

Ett nytt förslag som fem EU-länder kommit överens om går ut på att alla "migranter" som "räddas" på Medelhavet och förs till Italien eller Malta ska fördelas till andra medlemsländer. Bakom förslaget står Frankrike, Italien, Malta, Finland och Tyskland. Att det ens läggs beror på att Matteo Salvini och hans Lega inte längre sitter kvar i Italien. I princip det första man gjorde efter att Salvini var borta var att öppna hamnarna på vid gavel. I överenskommelsen ingår dock inte "migranter" som kommer till Spanien eller Grekland. Men det är ändå "steg mot en förutsägbar och strukturell tillfällig lösning" som den konservative greken Dimitris Avramopoulos kommenterade det.

Någon lösningen är det inte alls utan bara ännu en dragfaktor som kommer få ännu fler människor att söka sig till människosmugglarna för att kunna ta sig in till Europa. I Italien under Salvini som inrikesminister upphörde i princip denna människosmuggling, vilket också innebar att det inte dog några på Medelhavet. Nu ser eurokraterna till så att fler kommer ge sig ut på böljan den blå och i många fall bli fiskmat. Det är en konsekvens av beslutet.

I detta nu sitter en liten pojke eller flicka och hör sin far berätta om hur de ska ta sig till Europa. Han har just läst om att Italien återigen tar emot. Kontakt tas med smugglarna, platser bokas. Om någon månad sitter de där, på Medelhavet. Och när sjön blir för hög eller när båten de sitter i kapsejsar, så finns inget av de "räddnings"-fartygen i närheten. Den lilla pojken hamnar i vattnet, strömmen för honom bort från sin mor. Till sist orkar han inte simma mer och för sista gången hamnar han under vatten.

Detta är vad Frankrike, Italien, Malta, Finland och Tyskland bestämt ska drabba hundratals ... tusentals ... människor. Visst kommer många komma fram till Europa och det fortsatt osäkra öde som väntar dem där. Men många kommer inte komma fram. Och det är EUs politiker som lockat dem hit.

Den nationalistiska inställningen i frågan räddar liv genom att från start konstatera: Nej. Europa är stängt. Vi kommer inte ta emot er! Salvini räddade hundratals människor från att dö på Medelhavet. EU-parlamentets talman, David Sassoli, blir nu delaktig i hundratals människors död. Hans kommentar efter överenskommelsen var:

– Äntligen rör vi oss i den riktning som EU-parlamentet stakat ut. Omfördelningen av asylsökande mellan medlemsländerna bör ske på ett ordnat sätt och inte längre från fall till fall på frivillig basis.

Europas vänsterliberala kotteri kommer också applådera, medan de leder "migranterna" till döden på Medelhavet. Och de är de goda i sammanhanget?

Som nationalister vill vi att den lilla pojken i scenariet ovan får växa upp med sin mamma och pappa. Kanske bor de i ett flyktingläger. Om en bråkdel av de pengar som kastas bort på lycksökare som smugglas in i Europa istället lades där så kunde han få ett drägligt liv. Det är vi inte principiellt emot. Glöm aldrig att det är den rådande makten som bär ansvaret för det lidande som människomassorna påväg till Europa genomgår.

Som ni ser finns det inte, inte ens för den "goda" vänsterliberalen, några vettiga argument för den människosmuggling man understödjer. Men kanske är döda "migranter" ett pris de villigt betalar. Det verkar ju så.

Vi nationalister har många argument mot den massinvandring som pågår. I första hand hur den drabbar oss, våra hemländer och vår kontinent. Det räcker egentligen, det räcker gott och väl. Men visst kan vi bre på med andra argument, exempelvis att folkförflyttningarna inte löser problemen utan skapar nya, fast i andra länder; att det är urdåligt för miljön; att människor lider och så vidare.

Dessa argument hade bitit om det var så att förespråkarna för den förda politiken hade människors väl som huvudsakliga intresse. Det har de inte. Det är uppenbart. De är inte goda humanister, de är ena jävla skitstövlar.

JALLE HORN
27 september 2019

Fosterlandets försvar

Förr i tiden gavs det ut härliga sångböcker för barn, där bland annat dagens dikt tar plats. En sådan bok hette "Svensk vers – psalmer, sånger och visor" från 1935 och ingick som nummer två i bokserien "Läseböcker för Sveriges barndomsskolor", utgivna av Alfred Dalin och Fridtjuv Berg.

Bokens kapitel heter "Ur naturens värld", "Ur fantasivärlden", "Från barnens liv", "Från de vuxnas liv", "I svenska bygder", "Historiska bilder", "Fosterlandet", "Tankar och stämningar", "Julsånger och legender" samt "Det oförgängliga". Några känner vi igen från dagens sånghäften för barn, men flera är typiska för en tid då nationen stod i helgd och därför knappast förekommande i dagens Sverige.

Dagens dikt vore närmast otänkbar i vår tids sångböcker för barn – tyvärr. Den återfinns som sång nummer 179 i avdelningen "Fosterlandet" och kallas i boken för Fosterlandets försvar. I en annan diktantologi i min bokhylla kallas den dock för Krigssång. Namnen på dikten i fråga är väl påhittat av respektive utgivare. I sitt original ingår den i en opera vid namn Medea och har ingen titel.

Författaren är göteborgaren Bengt Lidner, en av våra främsta 1700-talspoeter. Han är känd främst för en dikt, Spastaras död, som berättar om en kvinna som går under när en jordbävning inträffar och hon försöker rädda sitt barn. I slutet av 1700-talet var känslosamhet högsta mode i Europas litteratur – tyskarna kallar det Sturm und Drang samt Empfindsamkeit, engelsmännen sentimentality – och Lidner är Sveriges främsta representant på området (bredvid Thomas Thorild).

Precis som dikten Spastaras död är operalibrettot Medea fullt av vilda känslor och sprakande dramatik. Dikten Fosterlandets försvar/Krigssång sjungs i operan av en kör av krigsskalder när en främmande krigsflotta är på väg att anfalla. En härold uppmanar dem att stämma upp sången för att elda upp försvarskänslan med orden:

I skalder! då vår ovän träder
mot denna borg med väpnad hand:
Ack! sjungen om de tappra fäder,
som dött för kung och fosterland.

Sedan sjunger krigsskalderna sin sång om ungdomen som vågar sitt liv för fosterlandet och därför belönas med ryktbarhet och sköna prästinnor som vårdar arvet efter dem som dog hjältedöden. Imorse förklarade jag för sonen att fosterlandet kommer på plats ett, mor och far nummer två, och sedan får han välja själv. Tyvärr gav han fosterlandet tummen ner, men kanske förstod han inte innebörden riktigt. Men om han sjöng sådana här sånger i skolan, då skulle han nog automatiskt förstå vidden av fosterlandet.

Stavningen nedan är moderniserad, "fjät" betyder steg.

O yngling, om du hjärta har
att trampa fädrens fjät,
flyg till ditt fosterlands försvar,
dö eller rädda det!

Så ljuvligt är ej källans sus
bredvid en blomsterstrand,
så härligt icke dagens ljus
som död för fosterland.

Vart tidevarv ditt hjältenamn
på ryktets vingar för,
när i odödlighetens famn
ditt lov du sjungas hör.

Ditt namn skall ock en stjärna få:
en skönhet, ung och fri,
skall till din grav med rosor gå
och dess prästinna bli.

DANIEL FRÄNDELÖV
27 september 2019

Könsbytare riskerar att utradera damidrotten

Bland det märkligaste som sker på denna jord är, trots att det finns mycket att välja på, könsbytarhysterin.

Att män och kvinnor är identiska och att det bara är samhället som gör dem annorlunda. Ingenstans syns det hur fel detta är tydligare än inom idrotten. Där blir det direkt väldigt tydligt att män är starkare och snabbare än kvinnor. Tyvärr har man ignorerat detta och könsbytare har blivit ett allt vanligare inslag, där dessa män fullständigt dominerar på prispallarna. Räddningen kan dock visa sig komma från Sverige där ett forskningsprojekt visat på problemen med att låtsas att män är kvinnor.

Det första man noterar när man läser Expressens artikel om debatten kring transidrottare är att det verkar ha kommit ett nytt ord. Igen. Det som förr kallades "könskorrigering" var inte konstigt nog.

Numera är det visst "könsbekräftning" som gäller.

Men utöver det är Expressen ovanligt kritisk när de skriver om fenomenet. Och med "ovanligt kritisk" menar jag givetvis "mycket försiktigt ifrågasättande". Men det är alltid något.

De roligaste/mest bisarra historierna hittar vi i USA inom high-schoolidrotten. Där är det vilda western helt utan regler. Det räcker med att identifiera sig som kvinna för att få tävla med damerna. Det går precis som man kan förvänta sig.

Terry Miller och Andraya Yearwood bestämde sig för att sluta vara penisbärare. Några veckor senare, helt utan hormonbehandling eller liknande stod de vid startblocken med damerna. De vann givetvis överlägset, och knep bland annat första och andraplatsen vid statsmästerskapen i Connecticut i år.

Det skedde dock inte helt utan protester. En ung och modig kvinna vågade säga det förhoppningsvis nästan alla tänkte.

– Vi tvingas tävla mot pojkar. Det är kört för oss tjejer i Connecticut, tävlingarna är inte rättvisa längre.

För varför ska man bemöda sig med att viga sitt liv åt att träna, gå upp tidigt, skippa festligheter, äta rätt, träna, träna och åter träna bara för att bli omsprungen av en man som har helt andra fysiska förutsättningar? Om detta tillåts fortsätta är det risk att damidrotten helt kollapsar.

USAs president Donald Trump har uttalat sig i frågan på Twitter:

"Ytterligare orättvisa mot alla de unga kvinnor som tränat hela sitt liv för att bli bäst. Man får identifiera sig hur man vill men detta har gått för långt och är orättvist mot så många."

Trump länkar i sin tweet en artikel om CeCe Telfer, ytterligare en person som inte velat möta manlig konkurrens utan istället "könsbekräftat" sig.

CeCe Telfer tävlade mot svenskan Minna Svärd i 400 meter häck tidigare i år. Trots att Svärd gjorde ett otroligt bra lopp kom hon på andra plats. Inte så konstigt. Precis som vanligt krossade Telfe allt motstånd. För ett år sedan hette CeCe nämligen Craig och tävlade mot män. Som man var CeCe/Craig rankad runt 200. Nu staplar denne transidrottare istället pokaler på hög.

Svärd vill inte uttala sig om hur det var att tävla mot en man. Frågan är fortfarande känslig.

Telfer och andra könsbytare hävdar fortfarande att de inte har något fysisk fördel mot sina kvinnliga medtävlare. Att det handlar om teknik och träning. Det har länge varit en sorts myt som ingen har haft lust att ifrågasätta men nu verkar det som att svensk forskning kan en gång för alla bevisa att "könsbekräftade" idrottsMÄN inte har i damidrotten att göra.

Tommy Lundberg på Karolinska institutet har nämligen studerat 23 könsbytare under flera år för att ta reda på hur kroppen förändras. Resultaten är inte helt färdiga än, men det han kan avslöja för Expressen borde egentligen räcka:

Könsbytarna i studien har gått på hormonbehandling för att sänka sitt testosteron till nivåer som liknar kvinnors. Detta hävdar man ska räcka för att göra män lika svaga som kvinnor. Men Lundbergs studier visar tydligt att så inte är fallet. Enligt idrottsförbundet IAAF:s regelverk ska en transkvinna hålla sig under en viss testosteronnivå i ett år innan den tillåts tävla med kvinnor. Det har personerna i

Lundbergs studie gjort. Resultatet? De förlorade bara fem procent i muskelmassa på benen och deras styrka minskade inte alls. De är alltså precis lika starka som de var när de var män.

Förhoppningsvis innebär detta att IAAF ändrar sitt regelverk och helt förbjuder transpersoner från att tävla i annat kön än sitt biologiska.

Om de inte gör det, och vi fortsätter blanda män med kvinnor i tävlingar kommer vi i framtiden inte längre ha någon damidrott alls, något som borde uppröra bland annat kvinnornas främsta förkämpar – feministerna. Men de är som vanligt misstänkt tysta när det gäller frågor där kvinnor faktiskt råkar illa ut.

Om Svegot

Svegot är en dagstidning på nätet som ges ut av den ideella föreningen SVEGOT-DFS. Syftet med nättidningen är att bredda det svenska medielandskapet och samtidigt lyfta frågor som är viktiga för föreningen, och arbeta för att driva opinionen i en riktning som mer påminner om föreningens idéer.

- Vår ledarsidas politiska hållning är frihetligt nationalistisk.
- Förutom att publicera nyheter, artiklar, kommentarer, analyser och krönikor i textformat publicerar vi även podcasts, sänder direktsänd nätradio och publicerar filmklipp.
- Allt överskott från Svegots arbete går direkt in i den ideella föreningen för att stärka upp dess arbete och hjälpa föreningen att snabbare nå sina mål.
- Åsikter som publiceras på Svegot behöver inte nödvändigtvis stämma överens med föreningens officiella ställningstaganden, eller alla våra medlemmars åsikter. För officiella uttalanden från föreningen, besök föreningens hemsida.

Stöd vårt arbete – bli prenumerant

Mycket av materialet på svegot.se kan du ta del av kostnadsfritt. Men för att driva verksamheten krävs ekonomi och denna får vi genom prenumerationer. Om du köpt denna bok separat så kan du teckna en prenumeration som dels ger dig tillgång till allt plusmaterial på Svegot, samt att du får framtida utgåvor av vår månadsbok direkt hem i brevlådan. Gå in på svegot.se och teckna din prenumeration redan idag.

svegot.se

Om Det fria Sverige

- Det fria Sverige är en intresseförening för svenskarna, den svenska kulturen och den svenska särarten. Föreningen vilar på traditionell grund och är frihetligt nationell. Föreningen styrs genom sina aktiva medlemmar på demokratiskt vis.
- Det fria Sverige är en ideell och samhällsnyttig förening som står upp för lag och ordning, mot pöbelvälde och ofrihet. Föreningen står upp för individens frihet, under ansvar för den gemenskap som friheten är beroende av.
- Det fria Sverige är en partipolitiskt obunden förening. Förvisso är vi traditionella nationalister, men detta transcenderar realpolitiska ställningstaganden och den klassiska höger-vänster-skalan. Den som delar vår vision och står bakom våra stadgar är välkommen.
- Det fria Sverige icke-konfessionell. Var och en i föreningen har rätt till sin egen tro, eller avsaknad av tro. Det vi kräver av varje medlem är dock att de respekterar varandra och de olika trosföreställningar som våra förfäder tagit till sig genom historien.
- Det fria Sverige bygger på principen om organisering underifrån och det är medlemmarnas egna ansvar att förverkliga visionen vi delar med varandra, inom det ramverk som föreningen beslutat om.
- Det fria Sverige driver opinion för svenskarna; bevakar den politiska och samhälleliga utvecklingen ur ett traditionellt nationellt perspektiv och arbetar såväl metapolitiskt, socialt som realpolitiskt. Detta arbete sker kontinuerligt.
- Det fria Sverige har framtiden för ögonen och arbetar idag för att lägga grunden som framtida generationer kan bygga vidare på. Vi har ett generationsperspektiv på vår verksamhet.

detfriasverige.se

www.ingramcontent.com/pod-product-compliance
Lightning Source LLC
Chambersburg PA
CBHW081158020426
42333CB00020B/2550